Shereen LaPlantz

Buchbinden

Traditionelle Techniken
Experimentelle Gestaltung

4. Auflage

Haupt Verlag
Bern · Stuttgart · Wien

Für Dorothy Swendeman,
die dieses Jahr mit vielen frohen Buch-Augenblicken bereichert hat,
und für meinen Mann David, der alle meine Ideen mit dem Satz begrüsst:
«Es hört sich gut an, ich denke, du solltest es so machen.»

Haben Sie Anregungen für unser Programm? Möchten Sie uns zu einem Buch ein Feedback geben?
Wünschen Sie regelmässige Informationen über unsere neuen Kunsthandwerk-Titel? Dann besuchen Sie uns bitte
im Internet auf www.haupt.ch.
Dort finden Sie aktuelle Informationen zu unseren Neuerscheinungen und können unseren Newsletter erhalten.

Die amerikanische Originalausgabe erschien 1995 bei Lark Books, USA-Asheville,
unter dem Titel: «Cover to Cover» von Shereen LaPlantz

Copyright © 1995 by Shereen LaPlantz

Zeichnungen von Shereen LaPlantz

Ohne anderweitige Angabe stammen alle Fotografien von den Künstlerinnen
und Künstlern, deren Werke abgebildet sind

Aus dem Amerikanischen übersetzt von Jan Groeneweg, CH-Bern
Umschlaggestaltung: Atelier Mühlberg, CH-Basel
Umschlagfotografie: Martin Graf, CH-Basel

Die auf dem Umschlag abgebildeten Werkzeuge und Materialien
wurden freundlicherweise von der Handbuchbinderei Schumacher AG in Bern
zur Verfügung gestellt.

Satz der deutschen Ausgabe:
Tipress Deutschland GmbH, D-Neunkirchen / In-folio, I-Torino

1. deutsche Auflage: 1996
2. deutsche Auflage: 2000
3. deutsche Auflage: 2003

Bibliografische Information der *Deutschen Bibliothek*

Die Deutsche Bibliothek verzeichnet diese Publikation in der Deutschen Nationalbibliografie;
detaillierte bibliografische Angaben sind im Internet über http://dnb.ddb.de abrufbar.

ISBN 3-258-06625-6

www.haupt.ch

Inhalt

Fish Messages,
Judith Hoffman.

Tagebuch ohne Titel, Dorothy Swendeman.

Weihnachtskarte, Tom Jones.

Tea (in Honor of Friends), Elaine S. Benjamin.

DIE EXPLOSION

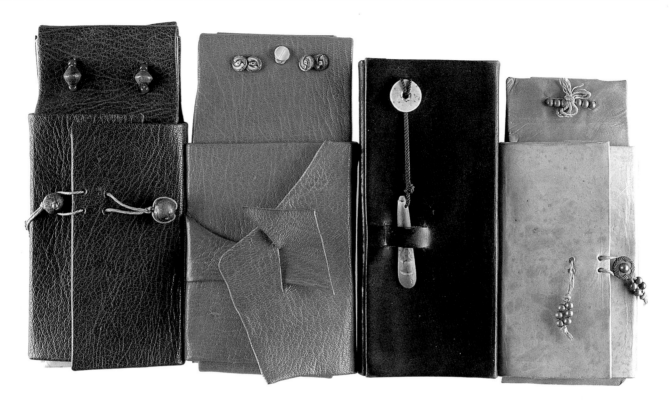

Rivers, Night, Weather, Forests, Sky, Plants and Trail Guide to Stove Park (Fluss-, Nacht-, Wetter-, Wälder-, Himmel-, Pflanzen- und Wanderwegführer für den Stove Park), Gürteletuis von Claire Owen, Turtle Island Press.

Das letzte Jahrzehnt hat eine wahre Explosion in der Kunstbuchbinderei gesehen. Viele Künstlerinnen und Künstler betraten einerseits mit nicht-traditionellen Strukturen Neuland und griffen andererseits zurück auf traditionelle, aber wenig bekannte Techniken der Buchbinderei. Sie waren auch bereit, Texte weiterzuentwickeln oder gar neue Texte zu schreiben, anstatt sich mit dem Neueinbinden bestehender Bücher zu begnügen. Den ersten Anstoss gab oft der Wunsch, Fotos oder andere Bilder in Büchern zu sammeln. Dann wurde das Buch selber zum Mittel des künstlerischen Ausdrucks. Bücher boten eine Gelegenheit, in einem einzigen Gebilde sichtbare Kunst mit Gedanken zu verbinden. Diese Explosion beschränkt sich jedoch nicht auf die Kunstschaffenden. Überall tauchen selber gemachte Bücher auf. Elaine S. Benjamin sagt: «Ich machte vor zwanzig Jahren meine ersten Bücher für meine Söhne, als sie klein waren. Mit dem Planen und der Arbeit, die darin steckt, ist ein selber gemachtes Buch wahrlich eine schöne Art, jemandem zu sagen: 'Ich mag dich.' Und jetzt, da ich mir die Fertigkeit der Buchbinderei erworben habe, gibt meine Arbeit mir die Möglichkeit, meine Freunde und meine Angehörigen zu ehren."

Der Ausdruck *Kunstbuchbinderei* bezieht sich auf alle Arten handwerklich hergestellter Bücher, darunter unbeschriebene Bücher, Neueinbände, Alben, Tagebücher und Künstlerbücher. Diese letzteren kombinieren Struktur (oder Technik), Gestaltung, sichtbare Bilder und Präsentation. Der Text ist dabei fakultativ; es gibt Künstlerbücher, die sich auf das rein Visuelle beschränken.

Bei Büchern ist *Struktur* fast gleichbedeutend mit *Technik*. Beide Ausdrücke geben an, nach welchem Verfahren das Buch gebunden wurde, zum Beispiel Heft, Blockbuch oder Kodex. Sieben der Kapitel dieses Buches beschreiben eine Vielfalt von Strukturen oder Techniken der Buchbinderei. Als *Gestaltung* bezeichnen wir die äussere Form und den Stil des Buches. Für jede Technik stehen viele Formen zur Auswahl, und jedes Kapitel über die verschiedenen Techniken enthält entsprechende Hinweise. Die *Präsentation*

Oben und links: *A Vision*,
Jenny Hunter Groat,
mit sieben Gedichten von
Wendell Berry. Aus der
Sammlung des National Museum
of Women in the Arts.
W. Berry, Gedichte, *A Vision
from Clearing* und sechs
Gedichte aus *A Part*,
ursprünglich herausgegeben
von North Point Press,
Abteilung von Farrar, Straus
& Giroux, Inc.

Highly Charged (Hochspannung), Kathleen Amt, Plunder Press.

Notizblock-Mappe, Barbara Heisler.

River of Stars (Sternenfluss), Julie Chen und Edward H. Hutchins, Flying Fish Press.

ist das Bild des fertigen Gegenstandes. Ein Weihnachtsgeschenk ist ein gutes Beispiel dafür. Unabhängig vom Inhalt werden Geschenke oft so schön verpackt, dass schon die blosse Verpackung der beschenkten Person Freude bereiten kann. Das letzte Kapitel befasst sich mit der Präsentation.

Schliesslich ist die *Verwandlung* eine der grossen Freuden der Kunst. Wir alle lernen aus den Ideen anderer Menschen. Solche Ideen unserem eigenen Geschmack, unseren Bedürfnissen anzupassen, das ist Verwandlung. Hedi Kyle war eine treibende Kraft hinter der Explosion der Kunstbuchbinderei; sie hat vielen Menschen neue Strukturen beigebracht, ist also eine Befürworterin und Förderin der Verwandlung. Edward H. Hutchins lernte von ihr eine solche neue Struktur und schlug sie Julie Chen vor, als sie

zusammen an *River of Stars* arbeiteten. Er war es auch, der diese Struktur Kathleen Amt zeigte, die sie ihrerseits für *Highly Charged* weiter bearbeitete.

An Sie, liebe Leserin oder lieber Leser, richtet sich die Aufforderung, die Tradition fortzusetzen, die Explosion lebend zu erhalten, indem Sie alles, was Sie aus diesem Buch lernen, weiterverwenden, aber Ihrem Geschmack und Ihrem Stil anpassen. Wählen Sie Ihre Lieblingsfarben, Ihre bevorzugten Papier- und Gewebesorten. Bringen Sie Ihre persönliche Note ein. Diese kann so einfach und gleichzeitig so wirkungsvoll sein wie die kleine Japanpapier-Collage auf der Notizblock-Mappe ohne Titel von Barbara Heisler. Das aus dünnen Papierstreifen gebildete Blumenmuster ist gleichsam ihr Namenszug.

Grundlagen der Buchbinderei

Das Endergebnis der Buchbinderarbeit, das Buch, ist ein uns allen vertrauter Anblick. Weniger bekannt sind die zur Herstellung des Buches benötigten Materialien, Werkzeuge und Techniken. In diesem Kapitel werden sowohl die verschiedenen für Bücher verwendeten Papier- und Kartonsorten, Klebstoffe und sonstigen Materialien als auch die in der Buchbinderei gebrauchten Werkzeuge und Verfahren beschrieben. Sie lernen, wie man markiert, rillt, schneidet und klebt, aber auch, wie man Papierbogen nach Seiten geordnet falzt und wie die gefalzten Seiten nachher in der richtigen Reihenfolge zusammengefügt werden. Auch das Vokabular der Buchbinderei wird kurz behandelt. Man kann zwar auch ohne Kenntnis der Fachausdrücke schöne Bücher herstellen; aber es ist schwierig, das zu tun, wenn man die Techniken nicht beherrscht.

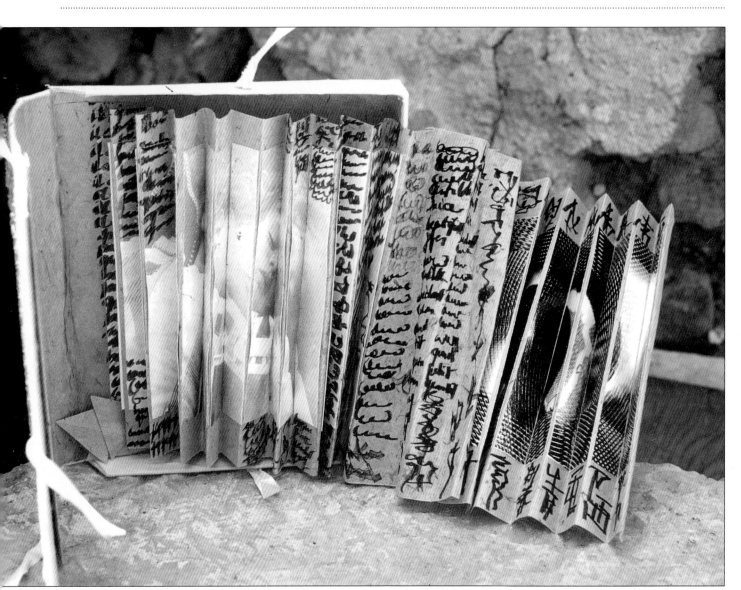

Harmonica Book (Ziehharmonika-Buch oder *Faltbuch)*, Aliza Thomas.

World Peace (Weltfrieden), Edward H. Hutchins.

WAS IST EIN BUCH?

Unter einem Buch stellen sich die meisten von uns einen der Gegenstände vor, die wir in der Regel in unserem Büchergestell oder im Buchladen finden. Der Begriff «Buch» umfasst aber ein viel weiteres Gebiet. In der Grösse variieren Bücher von winzigen Miniaturen bis zu grossformatigen Notizblöcken und Tagebüchern. Das herkömmliche Buch besteht aus rechteckigen Blättern, die auf einer Seite miteinander verbunden sind; aber bei anderen Büchern sind die Blätter in ungewöhnlichen Formen zugeschnitten oder gefalzt. Schöne Kupferstiche oder Holzschnitte werden oft überhaupt nicht gebunden, sondern lose in Sammelmappen oder Schachteln aufbewahrt. Andere Bücher haben Blätter, die so gefalzt sind, dass sie wie eine Ziehharmonika auseinandergezogen werden können.

Und wie definieren wir den Begriff «Seite»? Wenn wir sagen, eine Seite sei etwas, das eine Information oder ein Bild enthält und vermittelt, ist dann eine Computer-Diskette eine Seite? Ein Bogen Papier kann so gefalzt werden, dass die zu vermittelnde Botschaft bereits in der Art des Falzens enthalten ist. Auch ein Briefumschlag, eine Papiertüte kann eine «Seite» sein.

Click's Disk Book (Sammelmappe für CDs), David LaPlantz.

DIE TEILE DES BUCHES

Wie Abbildung 1 zeigt, hat jeder Teil des Buches einen Namen. Der *Einband* besteht aus drei Teilen, dem vorderen und dem hinteren *Deckel* und dem *Rücken*, die zusammen dem Buch Festigkeit geben. Zwischen jedem Deckel und dem Rücken ist ein *Gelenk*, das es ermöglicht, das Buch vollständig zu öffnen. Der obere Teil des Buches heisst *Kopf*, der untere *Fuss*. Die obere und untere Kante des Buches werden auch *oberer Schnitt* bzw. *unterer Schnitt* genannt, die vordere, d. h. dem Rücken gegenüberliegende Kante *vorderer Schnitt*. Direkt innerhalb der beiden Deckel sind die *Vorsatzblätter*, gefalzte Bogen, die oft farbig dekoriert sind.

Der *Buchblock*, der eigentliche Inhalt des Buches, ist aus *Lagen* zusammengesetzt. Eine Lage umfasst mehrere Seiten und entsteht durch ein- oder mehrmaliges Falzen des *Originalbogens*. Aus wie vielen Seiten eine Lage besteht, hängt von der Papierstärke und vom gewünschten Effekt ab. Die im kommerziellen Buchdruck gebräuchlichste Lage besteht aus vier gefalzten und beidseitig bedruckten Bogen, was 16 Seiten ergibt.

Die einmalige Falzung des Originalbogens heisst *Folio-Falzung* oder *1-Bruch*, die zweimalige *Quart-Falzung* oder *2-Bruch*, die dreimalige *Oktav-Falzung* oder *3-Bruch*.

Mehrmaliges Falzen des Originalbogens bringt für die handwerkliche Buchbinderarbeit, verglichen mit bloss einmaligem Falzen, sowohl Vor- wie Nachteile. Einerseits wird der Arbeitsaufwand für das Drucken kleiner, weil mehr Seiten auf einmal gedruckt werden können. Andererseits entstehen bei mehrmaligem Falzen Quetschfalten, das heisst das Papier wird zerknittert. Eine Lösung dieses Problems besteht darin, den Originalbogen sogleich nach dem Druck in so viele Teile zu zerschneiden, dass jeder Teil nur einmal, und zwar in der Mitte, gefalzt werden muss. Auch wenn der Bogen nicht bedruckt wird, zum Beispiel für ein Tagebuch, ist es besser, ihn zuerst zu zerschneiden und dann erst die einzelnen Teile zu falzen.

Wenn man mit Originalbogen und Lagen arbeitet, ist das *Ausschiessen* wichtig, das heisst die richtige Anordnung der einzelnen Seiten. Beispielsweise dürfen Seite 1 und Seite 2 natürlich nicht direkt nebeneinander gedruckt werden, weil sie sonst im fertig gebundenen Buch unmöglich in der richtigen Reihenfolge erscheinen können. Abbildung 2 zeigt einen zweimal gefalzten rechteckigen Bogen (Quart-Falzung), mit der richtigen Numerierung der 8 Seiten. Und Abbildung 3 zeigt Vorder- und Rückseite des gleichen, nun wieder geöffneten Bogens mit den richtig angeordneten Seiten 1 bis 8.

Das heisst nun nicht etwa, dass Sie sich für jedes Format und für jede Anzahl Brüche ein neues Ausschuss-Schema, also eine neue Reihenfolge der Seitenzahlen merken müssen. Machen Sie statt dessen ein Modell: Falzen Sie einen Bogen Papier genau so, wie nachher der Originalbogen gefalzt werden soll, aber ohne ihn zu zerschneiden. Numerieren Sie die Seiten. Dann öffnen Sie den Bogen wieder und verwenden ihn als Vorlage für die Anordnung der Seiten Ihres Buches.

Ein analoges Verfahren wird angewandt, um einzelne Blätter zu Lagen zu verbinden. Bevor Sie Texte oder Bilder anbringen, legen Sie die einmal gefalzten Blätter so ineinander, dass sie eine Lage bilden; dann numerieren Sie die Seiten. So sind Sie sicher, dass Sie sie nachher in der gewünschten Reihenfolge zusammenheften können.

Auf den folgenden Seiten sehen Sie verschiedene Verfahren zum *Heften* von Büchern, und Sie lernen einige der vielen *Gestaltungsarten* von Büchern kennen. Unter Heften verstehen wir die grundlegenden Techniken, nach welchen ein Buch zusammengehalten wird, wie es gefalzt und geheftet oder geleimt wird. Als *Gestaltung* bezeichnen wir Grösse, Gestalt der Seite, Satzspiegel und Material. Innerhalb einer Methode zum Heften kann es eine Vielzahl von Gestalten oder Formen geben.

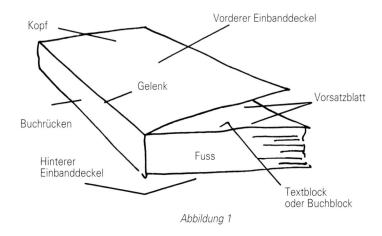

Abbildung 1

Abbildung 2

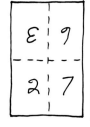
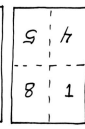

Abbildung 3

Modelle ohne Titel, Dolores Guffey und Shereen LaPlantz.

Modell ohne Titel, JoAnne Berke.

MATERIALIEN

Papier

Die Wahl des Papiers für den Text ist nicht schwer. Jedes für Fotokopiergeräte, Computerdrucker und Schreibmaschinen brauchbare Papier kann verwendet werden. (Einzig stark satiniertes Briefpapier eignet sich nicht, weil es zuwenig saugfähig ist, so dass der Text leicht verwischt wird.) Alle diese Papiere sind in verschiedenen für Buchbinderarbeiten geeigneten Stärken und in einer grossen Auswahl von Farben und Mustern erhältlich. Sie finden sie in Schreibwarenhandlungen, Warenhäusern und Fotokopiergeschäften.

Ausser den oben erwähnten Papiersorten kommen für den Textteil des Buches alle diejenigen in Frage, die sich für Bleistift- und Kohlestift-Zeichnungen, Holzschnitt- und Kupferstich-Drucke und Aquarelle eignen, ebenso Japanpapier. Diese Papiersorten sind teurer als die für Fotokopien üblichen Qualitäten und werden daher weniger verwendet, wenn es sich um umfangreiche Texte handelt. Man bekommt sie am ehesten in Spezialgeschäften für Farbwaren und Kunsthandwerk-Materialien.

Bei den Überzugspapieren ist die Auswahl eher noch grösser. Schauen Sie sich in diesen Spezialgeschäften um und wählen Sie, was Ihnen gefällt, sei es Kalligraphiepapier oder irgendeine der im vorigen Absatz genannten Sorten. Sie haben die Qual der Wahl; suchen Sie also nach bestimmten Merkmalen.

Ein gutes Überzugspapier soll fest, dauerhaft und widerstandsfähig sein, damit es nicht bei der geringsten Berührung zerknittert oder gar zerreisst, aber auch flexibel, um beim Falzen keine Sprünge zu bekommen. Es gibt spezielle Sorten Japanpapier, welche alle diese guten Eigenschaften aufweisen und leicht zu verarbeiten sind; sie lassen sich je nach Bedarf zusammenziehen, dehnen oder verschieben, ohne zu zerreissen. Zudem sind sie stark genug, um als Scharnier zu dienen. Auch diese Papiersorten sind in verschiedenen Stärken, Oberflächenstrukturen und Farben erhältlich.

Für Bucheinbände eignet sich auch Buchpapier, das sich wie eine Kombination von Papier und Gewebe anfühlt. Es hat eine gewebte Struktur und ist äusserst stark. Dieses Papier ist in Geschäften für Buchbindereiartikel erhältlich; es gibt verschiedene Farben und Muster, ähnlich wie bei den zum Zeichnen und Basteln verwendeten groben Papieren.

Vorsatzblätter bestehen in der Regel aus dekorativem Papier. Sie brauchen nicht den gleichen Anforderungen in bezug auf Reissfestigkeit, Flexibilität und Dauerhaftigkeit zu genügen wie das Überzugspapier. Am gebräuchlichsten sind marmorierte Papiere; es gibt aber auch viele andere dekorative Papiere auf dem Markt.

Erkundigen Sie sich bei Ihrem Händler nach Kleisterpapier und nach Japanpapier. Papier für Geschenkpackungen eignet sich für gewisse Anwendungen, wird allerdings nach mehrmaligem Falzen leicht brüchig.

Einige Papiere und andere Materialien für die Buchbinderei, aber nicht alle, sind *alterungsbeständig*, das heisst pH-neutral, weder sauer noch alkalisch, und sollen chemisch stabil bleiben. Viele Papiere und Papierprodukte sind chemisch sauer, und der Säuregrad nimmt mit dem Alter zu. Durch die im Papier enthaltene Säure werden Druckfarben, Fotos und schliesslich das Papier selber vernichtet. Wenn das Buch für längere Zeit erhalten bleiben, also alterungsbeständig sein soll, müssen alle darin verwendeten Materialien diese Eigenschaft aufweisen. Es genügt also beispielsweise in diesem Fall nicht, für ein Foto alterungsbeständigen Leim zu verwenden; das Foto wird trotzdem zerstört, wenn es sich in der Nähe von säurehaltigem Papier befindet.

Einbandgewebe

Gewebe ist ein anderes für Bucheinbände verwendetes Material. (Als ich vor 25 Jahren das Buchbindergewerbe erlernte, durften wir für unsere Einbände niemals Papier verwenden; nur Gewebe war erlaubt.) Auch wenn Sie Gewebe wählen, achten Sie auf die besonderen Merkmale. Es soll sich nicht leicht zerfransen oder verziehen. Stoffe mit Streifen- oder Karo-Mustern sind nicht günstig, weil es fast unmöglich ist, solche Muster richtig auszurichten. Ist der Stoff zu dünn, kann der Klebstoff durchschlagen, und bei einem zu lose gewebten Stoff kommen manchmal die Ecken des Einbanddeckels zum Vorschein.

Pappe und Karton

Für Bücher mit festem Einband verwendet man in der Regel Pappe oder Karton. Wird der Deckel mit einem schönen Papier oder Gewebe überzogen, braucht er selber nicht optisch schön zu sein. Die gebräuchlichen Sorten findet man in Farbwarenhandlungen und in Spezialgeschäften für Buchbindereiartikel. Nicht alle sind alterungsbeständig. Wellkarton ist ungeeignet, weil er sich zu leicht einbeulen lässt.

Ein weiteres für Einbanddeckel geeignetes Material ist der Museumskarton. Dies ist eine Art Spanplatte, die in verschiedenen Qualitäten erhältlich ist: einlagig, zweilagig und vierlagig. Man findet sie vor allem in Spezialgeschäften für archivbeständige Materialien, manchmal auch in Geschäften für Farbwaren und Buchbindereiartikel.

Auch Buckram (Steifleinen), Spanplatten und Platten aus Metall, Buckram und Hartschaum werden gelegentlich für Einbanddeckel verwendet.

Klebstoffe

Klebstoffe lassen sich in zwei Gruppen einteilen, Kleister und Leime. Kleister werden meistens aus pflanzlichen Produkten hergestellt, zum Beispiel aus Weizenstärke, während Leime tierischer oder synthetischer Herkunft sind. Zu den für die handwerkliche Buchbinderei empfohlenen Klebstoffen gehören Methylcellulose, Polyvinylacetat (PVA), Kleister aus Weizen- oder Reisstärke und Fertigkleister. Alle diese Produkte sind in Geschäften für Buchbindereiartikel erhältlich.

Mit Klebestiften lässt sich Papier auf rasche und einfache Art kleben. Einige der im Handel erhältlichen Sorten sind alterungsbeständig, aber nicht alle. Diese Stifte eignen sich beispielsweise, um ein einzelnes Blatt nur an einem Rand mit einem anderen Blatt zu verbinden oder in ein Buch einzukleben. Für grosse Flächen sind sie dagegen nicht zu empfehlen, weil sie sich schlecht kontrollieren lassen und zudem zu teuer sind.

Wenn ein alterungsbeständiger Klebstoff mit irgendeiner anderen Substanz vermischt wird, so kann sich sein pH-Wert verändern; er ist dann also nicht mehr alterungsbeständig. Wenn Sie einen solchen Klebstoff mit Wasser verdünnen wollen und Wert darauf legen, dass er alterungsbeständig bleibt, dann dürfen Sie nur destilliertes Wasser nehmen.

Zur Beachtung: Nicht alle Klebstoffe sind ungefährlich im Gebrauch. Die in der herkömmlichen Buchbinderarbeit am meisten verwendeten Leime sind aus Knochen, Knorpeln und Häuten von Tieren hergestellt. Mit Tierhautleim machte ich selber kürzlich eine recht unangenehme Erfahrung. Obwohl sich der Leim noch im ungeöffneten Behälter in meiner Werkstatt befand, verursachte er bei drei Personen Schwindelgefühle, Kopfschmerzen, Übelkeit und andere Beschwerden. Aus diesem Grund rate ich von der Verwendung von Tierhautleim ab und habe für meine Arbeiten keine solchen Leime benutzt.

Die wichtigen Eigenschaften der empfohlenen Klebstoffe sind auf den folgenden Seiten beschrieben.

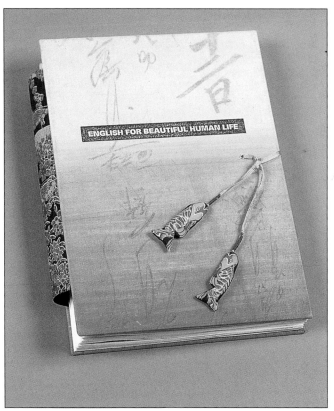

English for Beautiful Human Life, Kathleen Amt.

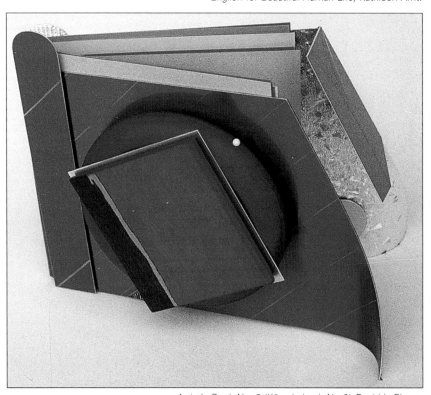

Artist's Book No. 2 (Künstlerbuch Nr. 2), David LaPlantz.

Rezept zur Herstellung eines Weizenstärke-Kleisters im Mikrowellenofen

1 Esslöffel (15 ml) Weizenstärke und 5 Esslöffel (75 ml) destilliertes Wasser.

1. Die Weizenstärke in eine für den Mikrowellenofen geeignete Schale geben und das destillierte Wasser beifügen.

2. In den Mikrowellenofen stellen, bei hoher Einstellung 25 bis 30 Sekunden kochen.

3. Herausnehmen, gründlich umrühren.

4. Nochmals 25 bis 30 Sekunden bei hoher Einstellung im Mikrowellenofen kochen.

5. Herausnehmen, wieder umrühren.

6. Die Schritte 2 – 5 weitere 2 bis 3 Minuten wiederholen, je nach der Leistung des Ofens.

7. Kleister 2 bis 3 Minuten abkühlen und eindicken lassen.

8. Filtrieren.

Zur Beachtung: Bei mir wird der auf diese Weise hergestellte Kleister immer zu dick. Deshalb füge ich nach dem 7. Schritt noch etwas destilliertes Wasser bei. Dann lasse ich den Kleister noch weitere 15 bis 20 Minuten abkühlen, füge meistens nochmals Wasser bei und filtriere ihn zuletzt. Zum Filtrieren kann man beispielsweise einen alten Nylonstrumpf, ein sonstiges feines Gewebe oder auch mehrere Lagen Käsetuch verwenden.

NACHDRUCK MIT GENEHMIGUNG DER HERAUSGEBER DES KATALOGES DER GAYLORD BROTHERS.

Methylcellulose

- Alterungsbeständig
- Wieder auflösbar
- Schwache Klebewirkung (kein aggressiver Klebstoff)
- Langsam trocknend
- Flecken werden an der Oberfläche sichtbar, lassen sich aber mit Wasser abwischen
- Muss gemischt werden (Gebrauchsanweisung auf der Packung beachten) und lässt sich mit Wasser verdünnen
- Mit Pinsel auftragen
- In Spezialgeschäften für Farbwaren und Buchbinderarbeiten erhältlich

Bemerkung: Nach meiner Erfahrung ist dieser Klebstoff am wirksamsten, wenn er 24 Stunden vor Gebrauch zubereitet wird. Anfänglich scheint die Klebewirkung nicht bloss schwach, sondern überhaupt nicht vorhanden zu sein. Ich halte stets einen Topf auf meinem Arbeitstisch bereit und füge vor Gebrauch etwas Wasser bei, weil der Klebstoff austrocknet.

Polyvinylacetat (PVA) (Kunstharzdispersion)

- Nicht alle Sorten sind alterungsbeständig
- Cremiger weisser Leim, unter verschiedenen Marken im Handel
- Nicht auflösbar
- Rasche Klebewirkung
- Bleibt sichtbar, wenn er an die Oberfläche gerät, und lässt sich dann kaum mehr entfernen
- Kann entweder unverdünnt oder mit Wasser oder Weizenstärkekleister vermischt verwendet werden (in einem separaten Topf 1 : 1 mit dem Kleister mischen)
- Mit Pinsel auftragen
- In Fachgeschäften erhältlich

Bemerkung: Die verschiedenen Typen und Marken von PVA-Leim unterscheiden sich in der Zusammensetzung und in ihren chemischen Eigenschaften. Die speziell für Holzbearbeitung bestimmten Typen sind für Buchbinderarbeiten nicht zu empfehlen.

Weizenstärke- und Reisstärke-Kleister

- Alterungsbeständig
- Wieder auflösbar
- Einige Sorten sind für die Berührung mit Lebensmitteln zulässig
- Langsam trocknend
- Muss mit Wasser gemischt, gekocht, filtriert und mit Wasser verdünnt werden
- Im Kühlschrank aufbewahren, sonst leicht verderblich
- Mit Pinsel auftragen
- In Spezialgeschäften für Buchbinderarbeiten erhältlich

Bemerkung: Der gekochte Kleister ist glatt und durchscheinend. Weizenstärke ist pulverförmig, trocken und unbeschränkt haltbar (Aufbewahrung im Kühlschrank nicht nötig). Die zu Kleister gekochte Weizenstärke lässt sich so gut verarbeiten, dass sich der zusätzliche Arbeitsaufwand (Kochen, Filtrieren, Aufbewahren im Kühlschrank) bezahlt macht.

Fertigkleister

- Alterungsbeständigkeit je nach Typ abklären

- Wieder auflösbar

- Trocknet verhältnismässig rasch

- Bleibt sichtbar, wenn er an die Oberfläche gerät

- Kann unverdünnt oder mit Wasser verdünnt verwendet werden (Entweder etwa 20 % Wasser beifügen und gut mischen oder einen mit Wasser befeuchteten Pinsel verwenden. Bei Verwendung in unverdünnter Form mit einem Messer oder Spachtel aus Kunststoff oder einem Stück Karton auftragen, bei Verwendung in verdünnter Form mit einem Pinsel.)

- In Spezialgeschäften für Farbwaren, Bastelbedarf und Buchbindereiartikel erhältlich

Zwirn

Jeder wirklich starke Zwirn, wie Buchbinder-Leinenzwirn, gewachster Leinenzwirn, Tapezierer-, Knopfloch- oder Teppichzwirn, eignet sich zum Heften von Lagen. Verwenden Sie jedoch keine Nylonfäden (diese dehnen sich aus) und kein gewöhnliches Nähgarn (zu schwach). Achten Sie besonders darauf, dass sich der Zwirn nicht ausdehnt. Wenn er sich ausdehnt – und das geschieht meistens erst, wenn das Buch schon fertig ist –, kann er Ihre ganze Arbeit zunichte machen.

Wenn die Heftstiche beim fertigen Buch sichtbar bleiben, können Sie aus einer Vielzahl von dekorativen Zwirnen, Kordeln und Bändern das Ihnen zusagende Produkt auswählen. Alle Garne, die für Häkelarbeiten, Stickerei, Perlenschnüre und ähnliche Handarbeiten verwendet werden, kommen auch für die Buchbinderei in Frage, vorausgesetzt, dass sie stark genug sind und sich nicht ausdehnen.

WERKZEUGE UND AUSRÜSTUNGSGEGENSTÄNDE

Schneidewerkzeuge

Papier, Karton und Pappe können von Hand oder mit einer Pappschere geschnitten werden. Verwenden Sie zum Schneiden von Hand ein gutes Bastlermesser mit auswechselbarer Klinge und ein Lineal aus Metall. Wechseln Sie die Klingen häufig aus. Beim Papierschneiden wird eine Klinge rasch stumpf; aber nur mit einer scharfen Klinge kann man gut arbeiten.

Pappscheren sind in verschiedenen Ausführungen erhältlich. Die geläufigsten Typen bestehen aus einem Schneidetisch und einem beweglichen Arm mit der Klinge; meistens sind sie mit einer Masseinteilung versehen. Beim Schneiden muss das Papier mit der Hand festgehalten werden. Solche Geräte werden etwa in Schulen und in Büros für Arbeiten verwendet, bei denen es nicht auf hohe Präzision ankommt.

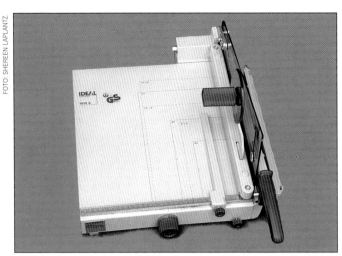

Pappschere mit Sicherheitswand, Druckarm zum Festhalten des Papiers und Masseinteilung.

Andere Pappscheren besitzen ausser den oben genannten Teilen noch einen Druckarm zum Festhalten des Papiers beim Schneiden. Das ermöglicht eine grössere Genauigkeit, die vor allem beim Schneiden von sehr schmalen Streifen erforderlich ist. Ein Streifen von wenigen mm Breite für einen Buchrücken muss exakt geschnitten werden. Auch haben diese Geräte schärfere Klingen als die einfacheren, was einen saubereren Schnitt ergibt. Meistens sind sie zudem noch mit einer Sicherheitswand und mit einem verschiebbaren Verlängerungsstück versehen, das als Unterlage für das Papier dient.

Falzbeine

Falzbeine dienen zum sauberen Falzen des Papiers. Sie sind in Schreibwarenhandlungen und in Geschäften für Buchbindereiartikel und Farbwaren erhältlich. Wenn sich das Falzbein zu Beginn etwas rauh anfühlt, so glätten Sie es mit feinem Schleifpapier, bis es angenehm in der Hand liegt. (Tun Sie diese Arbeit in einem gut gelüfteten Raum und schützen Sie Ihre Atemwege, indem Sie eine Staubmaske tragen, besonders wenn es sich um ein Falzbein aus Kunststoff handelt.) Jedes Werkzeug, das einen festen, sauberen Falz gibt, kann als Falzbein dienen, zum Beispiel auch ein Polierstab (siehe Abbildung auf Seite 16 oben links).

Werkzeuge zum Lochen

Es gibt viele verschiedene Werkzeuge, um Löcher in Papier zu stanzen. Mit Hilfe eines Hartgummi- oder Holzhammers kann man ein Locheisen durch eine Lage Papier treiben. Um Ihren Arbeitstisch vor Beschädigungen zu schützen, legen Sie eine dicke harte Pappe oder eine Platte aus Hartgummi oder aus einem weichen Metall unter das Papier.

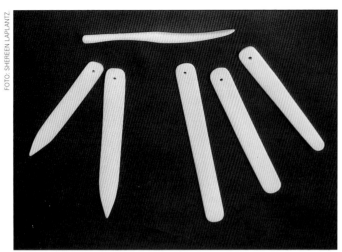

Falzbeine, oben ein Polierstab.

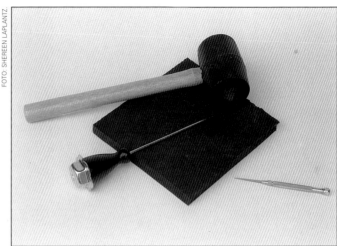

Ahle, Locheisen, Hartgummischlägel, Hartgummimatte.

Sie können für solche Arbeiten Ahlen, Stahlstifte oder ähnliche Werkzeuge verwenden. Diese lassen aber auf der Unterseite des Papiers einen zackigen Rand zurück. Mit der Hand gehaltene Locheisen ergeben saubere Löcher; es können aber nur wenige Blätter gleichzeitig gelocht werden. Es gibt spezielle Lochzangen mit auswechselbaren Lochpfeifen verschiedener Grössen, mit denen Sie in mehreren Blättern gleichzeitig saubere Löcher machen können; solche Geräte finden Sie in Buchbindereiartikel- und Eisenwarenhandlungen.

Mit einer Bohrmaschine (mit Spiralbohrer) können Sie Einbanddeckel und Buchblock gleichzeitig lochen. Der Bohrer muss nach jedem Arbeitsgang gereinigt werden; sonst gibt es keine sauberen, glatten Löcher mehr.

Nadeln

Es gibt spezielle Buchbindernadeln; aber irgendeine stumpfe Nadel mit dem zu Ihrem Zwirn passenden Öhr, zum Beispiel eine Stopf- oder eine Tapezierernadel, eignet sich für Buchbinderarbeiten. Verwenden Sie aber keine spitzigen Nadeln, mit denen das Papier oder der Einbanddeckel zerstochen werden könnte.

Pinsel für Klebstoffe

Die meisten Klebstoffe lassen sich am besten mit den preisgünstigen flachen Pinseln aus Kunstfasern auftragen. Die in Eisenwaren- und Bastelbedarfsgeschäften erhältlichen einfachen Pinsel sind für diese Arbeiten besser als die schönsten Künstlerpinsel. Für heisse Klebstoffe, zum Beispiel aus Tierhaut hergestellte Leime, gibt es besondere Pinsel, die in Spezialgeschäften für Buchbindereiartikel zu finden sind.

Buchpressen

Zum Trocknen des Klebstoffes muss die fertige Arbeit beschwert werden, damit sie schön glatt bleibt und flach liegt. Ein grossformatiges, schweres Buch eignet sich dafür gut. Wenn

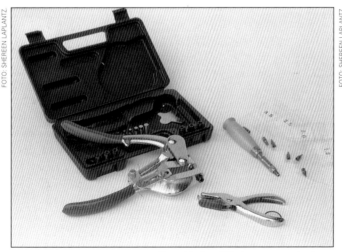

Verschiedene Werkzeuge zum Lochen.

Buchpresse.

Sie eine grössere Anzahl Bücher herstellen, vielleicht eine ganze Auflage, lohnt es sich, eine Buchpresse anzuschaffen. Der damit ausgeübte Druck ist viel grösser, und das Resultat sieht professionell aus.

GRUNDLEGENDE TECHNIKEN

Falzen

Um einen sauberen Falz zu erhalten, muss das Papier vorher mit einem geeigneten Werkzeug gerillt werden. Messen und markieren Sie die genaue Stelle für den Falz. Legen Sie ein Lineal an die markierte Linie, führen Sie das Falzbein mit genügend Druck dem Lineal entlang, um eine Rille zu bilden. Ohne die Lage des Lineals zu verändern, falzen Sie das Papier nach oben, indem Sie es mit dem Falzbein von aussen her fest an das Lineal pressen. Dann nehmen Sie das Lineal weg, falzen das Papier ganz und fahren mit dem Falzbein darüber.

Durch diesen letzten Arbeitsgang wird das Papier glänzend, wenn es vorher matt war. Um das zu vermeiden, legen Sie auf das gefalzte Papier einen Streifen sauberes Abfallpapier und fahren mit dem Falzbein über diesen Streifen.

Markieren

Um einen Papierbogen oder eine Pappe zum Schneiden vorzubereiten, müssen die genauen Masse darauf markiert werden. Bleistiftstriche sind manchmal schon zu dick und ergeben kein exaktes Mass. Verwenden Sie statt dessen eine ganz feine Feder, eine Technikerfeder oder ein Bastlermesser. Im letzteren Fall machen Sie nur einen ganz kleinen Stich mit der Messerspitze, nicht mehr als einen feinen Nadelstich. Das gibt Ihnen ein zuverlässiges Mass, und da diese Stelle nachher ohnehin durchschnitten wird, stört sie nicht.

Schneiden

Von Hand Papier schneiden ist nicht schwer: Man misst und markiert die Dimensionen, legt ein Lineal an und schneidet mit dem Messer. Leider ist es genauso leicht, sich in die Hand zu schneiden. Seien Sie also vorsichtig, tragen Sie eventuell einen Handschuh.

Pappscheren sind praktisch; sie helfen Zeit sparen und Ermüdungserscheinungen vermeiden. Aber ein Wort der Warnung ist auch hier am Platz: Mit einem solchen Gerät können Sie sich schlimme Verletzungen zufügen. Seien Sie sehr vorsichtig, kommen Sie mit keinem Körperteil oder Kleidungsstück der Klinge zu nahe, und lassen Sie keine kleinen Kinder mit einer Pappschere hantieren.

Schmale Streifen, zum Beispiel für Buchrücken, mit der Pappschere zuzuschneiden ist nicht ganz einfach. Mit folgendem Trick können Sie sich diese Arbeit erleichtern: Addieren Sie die Breite des Streifens zur Breite eines grösseren Teiles. Nun schneiden Sie zuerst das Ganze; dann schneiden Sie vom Ganzen den grösseren Teil weg, und der schmale Streifen bleibt übrig. Beispiel: Sie

benötigen einen Buchdeckel von 150 mm Breite und einen Buchrücken von 10 mm Breite. Schneiden Sie zuerst ein 160 mm breites Stück und schneiden dieses dann auf 150 mm zu; der 10 mm breite Rücken ist da.

Löcher vorstechen

Der Vorstechtrog ist ein einfaches Hilfsmittel zum Vorstechen von Löchern in Buchrücken von Lagen und auch von Einbanddeckeln. Er ist eine Art Wanne mit V-förmigem Querschnitt; er steht auf Füssen. Die Lage wird offen in den Trog gelegt; dann werden mit Hilfe einer in die Lage gelegten Schablone die Löcher gestanzt. Diese Methode bietet Gewähr dafür, dass die Löcher in allen Lagen genau übereinstimmen.

Sie können sich selber eine Schablone basteln. Falten Sie einen etwa 10 cm breiten dünnen Kartonstreifen in der Mitte in Längsrichtung zusammen. Messen und markieren Sie die Stellen, wo die Lage gelocht werden soll, und stanzen Sie an diesen Stellen die Löcher.

Die meisten Vorstechtröge sind aus Holz gemacht, manche auch aus Hartplatten. Wenn Sie eine ganze Auflage eines Buches herstellen, können Sie mit einem solchen Gerät viel Zeit sparen. Wenn Sie ein Modell machen, befolgen Sie die Anleitungen in den Kapiteln über Heftstiche und den Kodex: An den mit einem Bleistift markierten Stellen wird mit der Ahle gelocht.

Kleben

Legen Sie vor dem Kleben genügend Zeitungen oder sonstiges Abfallpapier auf Ihren Tisch. Wenn sich diese Papierunterlage verschiebt oder wenn Sie befürchten, der Leim könnte an die falsche Stelle geraten, dann werfen Sie die Zeitung sofort weg und ersetzen sie durch ein sauberes Blatt. Das sieht zwar nach Verschwendung aus; aber jeder Tropfen Klebstoff, der aussen am Einband trocknet, bleibt sichtbar und sieht hässlich aus. Sie müssen dann womöglich den ganzen Einband oder gar das ganze Buch wegwerfen, und das ist erst recht Verschwendung.

Wenn Papier auf einen Einbanddeckel geklebt werden soll, dann bringen Sie den Klebstoff auf das Papier und legen dieses sorgfältig auf den Deckel. Das gibt eine glattere Klebestelle als beim umgekehrten Verfahren, und das mit Klebstoff bestrichene Papier lässt sich besser um die Kanten des Deckels herum falzen. Wenn Sie dagegen mit Gewebe arbeiten, bestreichen Sie den Deckel und nicht das Gewebe mit Klebstoff, weil dieser sonst durch das Gewebe hindurchdringt.

Bringen Sie den Klebstoff in die Mitte der zu klebenden Fläche, nicht an den Rand, und streichen Sie ihn von dort aus nach allen Seiten gegen aussen. Der Klebstoff wird dann schön gleichmässig verteilt und gerät nicht an Stellen, wo er nicht hingehört.

Halten Sie immer eine Schale mit Wasser und Papierservietten, Haushaltpapier oder Handtücher bereit, wenn Sie mit Leim oder Kleister arbeiten. Wischen Sie Ihre Hände häufig ab, damit kein Klebstoff an die falschen Stellen gerät. Wenn das doch passiert,

Nach dem Kleben wird das Buch eingefasst.

Spirit Book No. 7: Sacred Speaker, Susan Kapuscinski Gaylord.

lässt sich der Klebstoff meistens sofort mit einem feuchten Lappen oder Papier entfernen. Passen Sie aber auf, dass Sie die Oberfläche nicht durch zu starkes Reiben beschädigen.

Trocknen

Nach dem Kleben fassen Sie das Buch zum Trocknen in Wachspapier (oder Siliconpapier) ein. Das Wachspapier verhindert, dass der Klebstoff auf Stellen übertragen wird, wo er nicht hingehört. Legen Sie das Wachspapier von der Innenseite des vorderen Einbanddeckels her um den ganzen Einband herum bis zur Innenseite des hinteren Deckels.

Zum Trocknen beschweren Sie die geklebten Einbände oder Bücher, zum Beispiel mit einem schweren, grossformatigen Buch, damit sie schön flach bleiben. Noch besser ist eine Buchpresse, die viel mehr Kraft ausübt.

VORSICHTSMASSNAHMEN

Die meisten in der Buchbinderei verwendeten Papiere und Gewebe sind nicht toxisch, ebenso einige der in diesem Buch empfohlenen Klebstoffe. Befolgen Sie aber trotzdem einige vernünftige Ratschläge zur Sicherheit. Benutzen Sie die Küche nicht als Werkstatt, auch nicht zum Reinigen der Kleister- oder Leimpinsel. Wenn Sie für Ihre Buchbinderarbeit irgendwelche Geräte aus der Küche geborgt haben, dann verwenden Sie diese nachher nicht mehr für Lebensmittel. Sie würden ja den Leim sicher nicht auf das Brot streichen; also sorgen Sie dafür, dass er nicht später trotzdem gegessen wird, wenn auch nur in winzigen Mengen. Halten Sie Klebstoffe von kleinen Kindern fern, und rufen Sie bei Unfällen die zuständige Notrufstelle an.

Two Hours of the Virgin (Zwei Stunden der Heiligen Jungfrau), Elsi Vassdal Ellis.

Seite 18 unten und Seite 19 unten links und rechts: *The Doorbell Is Ringing (Es hat geklingelt),* Lynn A. Mattes-Ruggiero.

HEFTSTICHE

Der Heftstich ist die einfachste Technik der Buchbinderei und gleichzeitig eine der vielseitigsten. Bei der Grundform dieses Stiches braucht man drei Löcher zum Heften der Blätter, für dickere Bücher und Broschuren manchmal fünf oder sieben. Der Heftstich kann auch verwendet werden, um zwei Lagen zu einem dickeren Buch zu verbinden.

Tagebücher ohne Titel, Shereen LaPlantz.

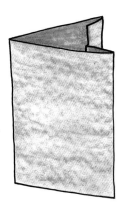

Abbildung 1

Abbildung 2

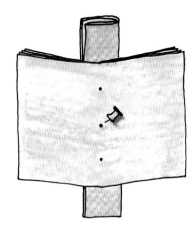

Abbildung 3

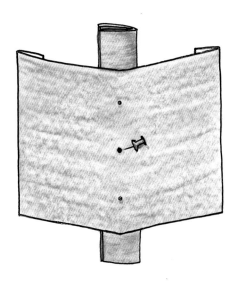

Abbildung 4

PROJEKT

Als erste praktische Arbeit eignet sich ein einfaches Heft mit drei Löchern und mit einem Umschlag, dessen Ränder vorne nach innen gefalzt sind. Dieser Falz kann zur Verstärkung oder bloss zur Dekoration dienen.

Ein Hinweis: Egal welche Technik Sie für Ihre Buchbinderarbeit wählen, die vordere Kante des Umschlags oder Einbands ist immer der Abnützung am stärksten ausgesetzt. Wenn Ihr Buch dauerhaft sein soll, so machen Sie diese Partie besonders stark.

Materialien

Textteil: 4 Bogen (zum Beispiel Normalformat A3) irgendeines gebräuchlichen Fotokopier-, Computerdrucker- oder Schreibmaschinenpapiers

Umschlag: 1 Bogen eines mittelschweren Künstlerpapiers, zugeschnitten nach den untenstehenden Angaben

Zwirn: 1 Stück schmales Band, starkes Garn, gewachster Leinenzwirn oder starke geflochtene Papierschnur, Länge etwa 3 mal die Länge des Heftrückens

Werkzeuge

Falzbein oder ähnliches Gerät

Papier- oder Bastlermesser

Metall-Lineal

Stumpfe Nadel mit grossem Öhr

Küchenhandtuch oder Haushaltpapier, der Länge nach vierfach gefaltet

Ahle, Locheisen oder ähnliches Werkzeug

Arbeitsablauf

1. Schneiden Sie das für den Umschlag bestimmte Papier wie folgt zu: In der Höhe 14 mm mehr als das Papier des Textteils, in der Breite für einen schmalen Falz beispielsweise 76 mm, für einen breiten Falz beispielsweise 254 mm mehr als das Papier des Textteils.

2. Rillen und falzen Sie das Umschlagpapier in der Mitte. Markieren Sie die seitlichen Falze, für einen schmalen Falz 32 mm, für einen breiten Falz 121 mm innerhalb des linken und des rechten Randes. Rillen und falzen Sie diese Falze (Abb. 1); dann legen Sie das Umschlagpapier beiseite. (Wenn Sie für die seitlichen Falze irgendeine andere Breite wählen, müssen Sie das natürlich beim Zuschneiden berücksichtigen.)

3. Falzen Sie die vier Textblätter in der Mitte. Legen Sie sie ineinander zu einer Lage (Abb. 2).

4. Öffnen Sie die Lage und legen Sie sie oben auf das zusammengefaltete Küchenhandtuch. Machen Sie genau in der Mit-

te des Falzes mit Ahle oder Locheisen ein Loch, dann je ein weiteres Loch 25 mm unter dem oberen Rand und über dem unteren Rand (Abb. 3).

5. Öffnen Sie den Umschlag, plazieren Sie ihn oben auf die Lage. Machen Sie wieder drei Löcher, eines genau in der Mitte des Falzes, die beiden anderen – wegen der zusätzlichen je 7 mm oben und unten (siehe Ziffer 1) – nicht 25, sondern 32 mm unter dem oberen Rand und über dem unteren Rand (Abb. 4).

6. Legen Sie den Textteil in den Umschlag, überzeugen Sie sich, ob die Löcher genau aufeinander passen. Nun fädeln Sie ein und beginnen mit dem Nähen, indem Sie den Zwirn von aussen durch das mittlere Loch führen. Lassen Sie ein genügend langes Ende Zwirn aussen, um nachher einen Knoten oder eine Schleife bilden zu können (Abb. 5).

7. Führen Sie den Zwirn von innen durch das obere Loch wieder hinaus (Abb. 6).

8. Nun von aussen durch das untere Loch hinein (Abb. 7).

9. Durch das mittlere Loch wieder hinaus. Achten Sie darauf, dass Sie nur durch das Loch hindurch nähen, nicht durch den Zwirn. Wenn Sie einen Knoten oder eine Schleife bilden wollen, müssen die beiden Enden des Zwirns links und rechts von dem soeben gemachten langen Stich liegen (Abb. 8). Korrigieren Sie das wenn nötig, dann machen Sie den Knoten oder die Schleife (Abb. 9).

10. Schneiden Sie die überflüssigen Enden des Zwirns oder Bandes ab.

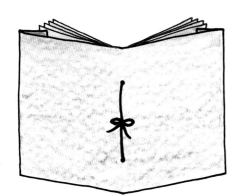

Abbildung 9. Das fertige Heft

Bemerkung: In der Regel bestimmt die Grösse des Textteils die Grösse des Umschlags. Um allfällige beim Zuschneiden oder beim Nähen entstandene Grössenunterschiede zwischen den einzelnen Blättern zu verbergen, wählt man den Umschlag so, dass er den Textteil an allen drei offenen Kanten um etwa 3 bis 6 mm überragt. Es ist durchaus üblich, den Umschlag deutlich grösser zu machen als den Textteil. Dies verleiht dem Textteil mehr Stabilität.

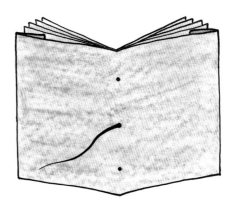

Abbildung 5

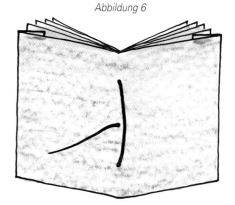

Abbildung 6

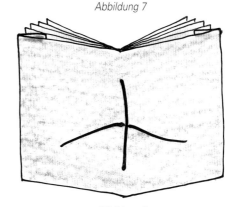

Abbildung 7

Abbildung 8

23

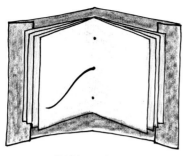

Abbildung 10

Abbildung 11

Abbildung 12

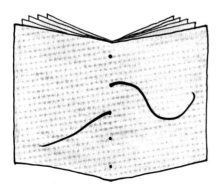

Abbildung 13

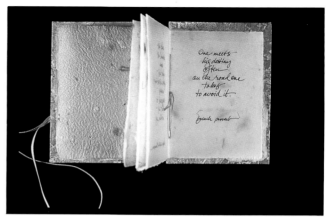

Ohne Titel, Nancy McIntosh.

KNOTEN ODER SCHLEIFE AUF DER INNENSEITE

Eine Variante zu der soeben beschriebenen Grundform des dreilöchrigen Heftes besteht darin, dass der Knoten oder die Schleife auf der Innenseite der Lage gebildet wird. Nehmen Sie wieder einen Umschlag und eine Lage beliebiger Grösse, machen Sie drei Löcher nach dem gleichen Verfahren, aber beginnen Sie mit dem Nähen von innen anstatt von aussen (Abb. 10).

Wenn Sie innen mit Nähen beginnen, enden Sie auch innen. Knoten oder Schleife liegt also ebenfalls zuinnerst im Textteil (Abb. 11).

HEFTSTICH MIT FÜNF LÖCHERN

Wenn das Buch oder Heft ein grosses Format aufweist oder wenn es häufig verwendet werden soll, erreicht man mit fünf anstatt drei Löchern eine bessere Stabilität. Ein dreilöchriges Heft ist natürlich rascher fertig als ein fünflöchriges; aber das letztere ist solider und dauerhafter.

Bereiten Sie Textteil und Umschlag auf die gleiche Weise vor wie für das eben beschriebene Projekt, und vergessen Sie nicht, das Format für den Umschlag an den drei offenen Kanten je 3 bis 6 mm grösser zu machen als für den Textteil. Nun machen Sie fünf Löcher in den mittleren Falz. Meistens sieht es am besten aus, wenn der Abstand zwischen den Löchern überall gleich gross ist; das ist jedoch eine Ermessensfrage.

Wie bei allen Heftstichen beginnen Sie mit dem Nähen beim mittleren Loch und lassen ein genügend langes Ende des Zwirns herausragen (Abb. 12). Dann führen Sie den Zwirn durch das unmittelbar darüberliegende Loch (das zweite von oben) hinaus (Abb. 13) und durch das oberste wieder hinein (Abb. 14). Weiter durch das zweite von oben hinaus (Abb. 15). Dieser einfache Stich – wechselweise hinein und hinaus – wird laufender Stich genannt. Nun kommen Sie zum Langstich, dem eigentlichen Heftstich. Sie nähen am mittleren Loch vorbei und führen den Zwirn in das vierte Loch (das zweite von unten) ein (Abb. 16). Dann weiter, durch das unterste Loch hinaus (Abb. 17), in das vierte wieder hinein (Abb. 18) und schliesslich durch das mittlere hinaus (Abb. 19).

Abbildung 14

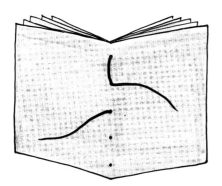

Abbildung 15

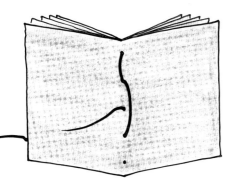

Abbildung 16

Abbildung 17

Abbildung 18

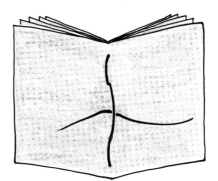

Abbildung 19

Abbildung 20

Abbildung 21

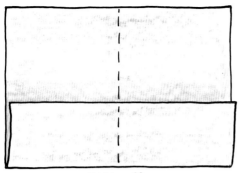

Abbildung 22

Abbildung 23

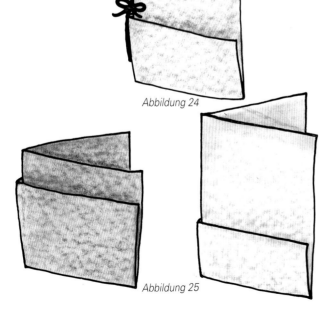

Abbildung 24

Abbildung 25

Jedesmal wenn Sie durch ein schon einmal benutztes Loch nähen, denken Sie daran, dass Sie die Nadel nicht durch den vorhandenen Zwirn stechen dürfen. Und am Schluss beachten Sie wieder, dass die beiden Enden des Zwirns zu beiden Seiten des langen Stiches liegen müssen. Nun bilden Sie den Knoten oder die Schleife und schneiden die überflüssigen Enden des Zwirns ab.

Für sieben oder noch mehr Löcher gehen Sie nach dem gleichen Verfahren vor.

UMSCHLAG-VARIANTEN

Ein Heftumschlag kann mit einer oder mehreren Klappen versehen werden. Die einfachste Ausführung hat gar keine Klappe, nicht einmal an der vorderen Kante (Abb. 21). Klappen an der vorderen Kante dienen zur Verstärkung; solche quer über den Fuss (die untere Kante) können als Taschen verwendet werden.

Wenn Sie einen solchen Umschlag mit einer Tasche machen wollen, so wählen Sie zuerst das Format Ihres Buches oder Heftes. Verdoppeln Sie die gewünschte Breite (einschliesslich Überhang, sofern der Umschlag über den Textteil hinausragen soll), so dass der Umschlag in der Mitte gefalzt werden kann. Nun wählen Sie die Tiefe der Tasche und addieren diese zur Höhe des Umschlags (wieder einschliesslich Überhang oben und unten).

Rillen und falzen Sie den so zugeschnittenen Umschlag (Abb. 22). Nähen Sie den Textteil ein, wie vorher beschrieben, und das Heft ist fertig (Abb. 23).

Die Tasche kann natürlich auch aussen angebracht werden (Abb. 24). Wenn Sie finden, eine Idee sei gut, dann suchen Sie nach weiteren Varianten. So können Sie zum Beispiel einen doppelten Umschlag machen; dann haben Sie vorne und hinten je zwei zusätzliche Taschen. Machen Sie die Tasche im eigentlichen Umschlag nicht sehr hoch, vielleicht 75 mm, und den zweiten Umschlag falzen Sie so, dass er in der Höhe beinahe halbiert ist (Abb. 25).

Nun schieben Sie diesen zweiten Umschlag in die Tasche des ersten, machen die Löcher durch beide hindurch und durch den Textteil, nähen den Textteil ein (Abb. 26).

Wenn Sie wollen, können Sie sowohl am Fuss wie an der vorderen Kante Falze anbringen (Abb. 27). Dies kann allerdings dazu führen, dass die doppelten Falze an den Ecken zu dick werden. In diesem Fall schneiden Sie an den betreffenden Ecken ein rechteckiges Stück weg (Abb. 28) und falzen anschliessend (Abb. 29). Natürlich kann auch am Kopf ein nach innen gerichteter Falz angebracht werden (Abb. 30). Wenn alle Kanten gefalzt sind, macht das Buch oder Heft einen fertigen, massgeschneiderten Eindruck. Nötigenfalls schneiden Sie nun an allen vier Ecken ein rechteckiges Stück weg, wie oben erwähnt, damit die Falze nicht zu dick werden.

HEFTSTICH MIT ZWEI LAGEN

Normalerweise eignet sich der Heftstich nur für aus einer Lage bestehende Hefte. Man kann jedoch den Rücken des Umschlags in kleine Falten legen und dann zwei Lagen gleichzeitig einheften.

Tagebücher ohne Titel, Shereen LaPlantz.

Abbildung 26

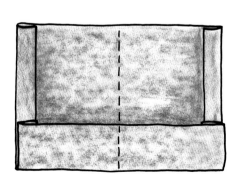

Abbildung 27

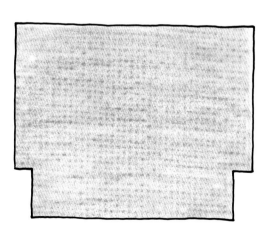

Abbildung 28

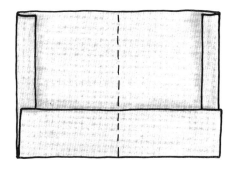

Abbildung 29

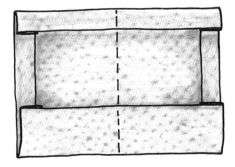

Abbildung 30

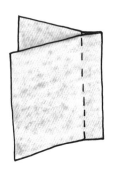

Abbildung 31

Dafür wird die Breite des Umschlags wie fólgt berechnet: doppelte Breite der Lage, einschliesslich Überhang wie oben, plus genügend Breite für den Falt zwischen den zwei Lagen. Rechnen Sie hierfür mindestens 2 x 25 mm = 50 mm zusätzliche Breite.

3-Piece Dreams (Dreiteiliger Traum),
Judy Dominic und Ginny Dewey Volle.

Abbildung 32

Abbildung 33

Rillen und falzen Sie den Umschlag so, dass er von oben gesehen ein M anstatt ein V bildet (Abb. 31). Wenn Sie zwei fertige Lagen haben, so fügen Sie diese zu beiden Seiten mit dem verkehrt gefalzten Umschlag zusammen, wie in Abb. 32 gezeigt, bringen die Löcher an (in der Abbildung sind es drei) und nähen den Umschlag mit beiden Lagen in einem Arbeitsgang zusammen. Abb. 33 zeigt das fertige aus zwei Lagen bestehende Heft.

VARIANTEN IN DER GESTALTUNG

Der Heftstich ist die Technik; die Art seiner Anwendung bezeichnen wir als Gestaltung. Mit dem Heftstich können wir ein einfaches Heft herstellen wie beispielsweise das phantasievolle Traumgebilde *3-Piece Dream (Dreiteiliger Traum)* von Judy Dominic und Ginny Dewey Volle oder die würdevoll wirkende *Metamorphosis (Metamorphose)*. Die Technik ist überall dieselbe; nur die Gestaltung ändert.

Weil der Heftstich so schnell gemacht ist und sich auch für eine einzelne Lage oder selbst für ein einzelnes Blatt Papier anwenden lässt, eignet er sich gut für Karten. Wenn Sie sich für dieses Gebiet interessieren, finden Sie verschiedene Bücher über japanische Faltkarten und -schachteln.

Ausser für einfache Hefte eignet sich der Heftstich auch, um Lagen mit einem Buch oder Album zu verbinden, das nach einer der komplizierteren Techniken hergestellt wurde. Ein Beispiel ist Robin Renshaws Tagebuch. Die Künstlerin machte einen schmalen Ziehharmonika-Teil (ein Faltbuch), befestigte daran einige Lagen mit laufenden Stichen und verband das Faltbuch nach der Heftstich-Technik mit dem hinteren Einbanddeckel.

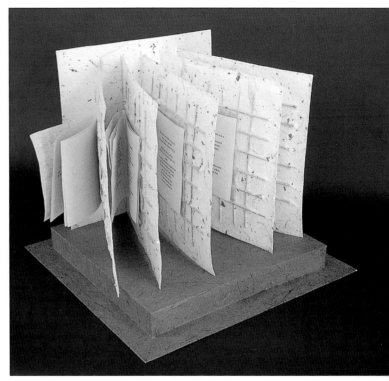

Metamorphosis, Shereen LaPlantz, Press de LaPlantz.

Kartenmodelle, Robin Renshaw.

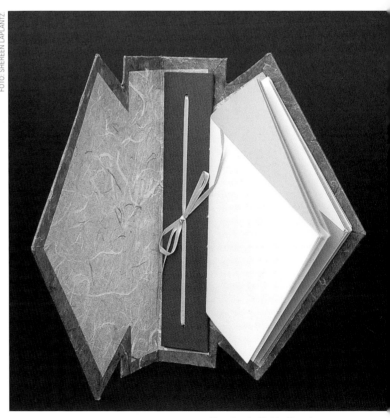

Tagebuch, Robin Renshaw.

Karten mit Heftstich,
Shereen LaPlantz.

GRUND-KODEX

Der Kodex ist die uns geläufige Form des Buches, also das, was wir uns in der Regel unter einem Buch vorstellen. Die Lagen sind am Buchrücken zusammengebunden und werden vorne, am Rücken und hinten durch einen festen Einband geschützt. Ein einfacher Kodex in einem gefälligen Format ist eine Freude für das Auge.

Links und oben: Tagebuch ohne Titel, Shereen LaPlantz.

Abbildung 1

Abbildung 2

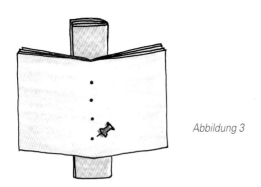

Abbildung 3

Abbildung 4

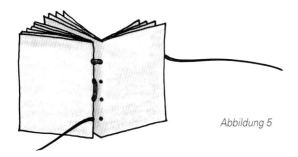

Abbildung 5

FOTO: EVAN BRACKEN.

Projektmodell, Shereen LaPlantz.

PROJEKT

Dies ist ein einfacher Kodex im Quartformat (etwa 24 x 30 cm) oder im Normalformat A4 mit einem steifen Einband. Daraus könnte zum Beispiel ein Tagebuch, ein Sammelbuch oder ein Fotoalbum entstehen.

Materialien

Textteil: 20 Bogen irgendeines gebräuchlichen Fotokopier-, Computerdrucker- oder Schreibmaschinenpapiers, im doppelten Format des fertigen Textteils (also etwa 48 x 30 cm für ein Buch im Quartformat, A3 für ein Buch im Normalformat A4)

Vorsatzblätter: 2 Bogen eines dekorativen Papiers (beispielsweise marmoriertes Papier), im gleichen Format wie das Papier für den Textteil

Einbanddeckel und Rücken: 3 Abschnitte eines der auf Seite 12 beschriebenen Materialien, zugeschnitten wie unten angegeben

Überzugspapier: 1 Abschnitt Japanpapier, mittelschwere bis schwere Qualität, beliebige Farbe und Struktur, zugeschnitten wie unten angegeben

Zwirn: etwa 1 m irgendeines Materials, das den auf Seite 15 beschriebenen Anforderungen entspricht

Bienenwachs

Abfallpapier für die Klebearbeit

Wachspapier

Kleister

Werkzeuge

Stumpfe Nadel mit grossem Öhr

Küchenhandtuch oder Papierhandtuch, der Länge nach vierfach gefaltet

Buchpresse oder grossformatiges Gewicht, zum Beispiel schwere Bücher

Arbeitsablauf

1. Falzen Sie jeden Bogen in der Mitte. Legen Sie je 4 Bogen ineinander zu einer Lage, insgesamt also 5 Lagen von je 16 Seiten (Abb. 1).

2. Messen und schneiden Sie den vorderen und den hinteren Einbanddeckel, 3 mm breiter und 6 mm höher als den Textteil. Das gibt oben, unten und an der vorderen Kante je 3 mm Überhang. Schneiden Sie den Buchrücken, 6 mm breit und gleich hoch wie die Deckel.

3. Schneiden Sie das Überzugspapier so zu, dass es 57 mm breiter ist als die totale Breite der drei Einbandteile (vorderer und hinterer Deckel plus Rücken) und 50 mm höher als die Einbandteile.

4. Legen Sie die 5 Lagen exakt bündig aufeinander. Machen Sie vier Bleistiftstriche quer über die Rücken der 5 Lagen (Abb. 2). An den so markierten Stellen sind nachher die Löcher zum Zusammennähen der Lagen anzubringen.

Hinweis: Achten Sie darauf, dass Sie die Lagen genau bündig plazieren. Wenn sich die Lagen oder einzelne Bogen verschieben oder wenn die Bleistiftstriche nicht genau senkrecht ausgeführt werden, stimmen die Löcher nicht, und Sie bekommen keinen schönen Textteil.

5. Legen Sie jede Lage einzeln auf das zusammengefaltete Küchenhandtuch. Machen Sie die Löcher an den vier markierten Stellen (Abb. 3).

6. Wenn Sie einen ungewachsten Zwirn benutzen, so wachsen Sie ihn jetzt, indem Sie ihn über ein Stück Bienenwachs ziehen. Fädeln Sie ein und beginnen Sie mit dem Nähen. Zuerst kommt die oberste Lage. Bilden Sie einen laufenden Stich, «hinein – hinaus – hinein – hinaus", von unten nach oben (Abb. 4). Lassen Sie am Ende ein genügend langes Stück Zwirn herausragen, um es nachher mit der folgenden Lage verknüpfen zu können.

7. Die Lagen sollen so miteinander verbunden werden, dass sie nachher einen festen Block bilden. Daher muss jede Lage bei jeder sich bietenden Gelegenheit mit der benachbarten Lage zusammengenäht werden. Legen Sie die zweite Lage neben die erste, und nähen Sie in das oberste Loch hinein, um die beiden Lagen zu verbinden (Abb. 5). Dann führen Sie den Zwirn beim zweiten Loch wieder hinaus (Abb. 6).

8. Wenn die Lagen nur beim obersten und beim untersten Loch zusammengefügt werden, klaffen sie in der Mitte auseinander. Um das zu vermeiden, führen Sie den Zwirn nun in das

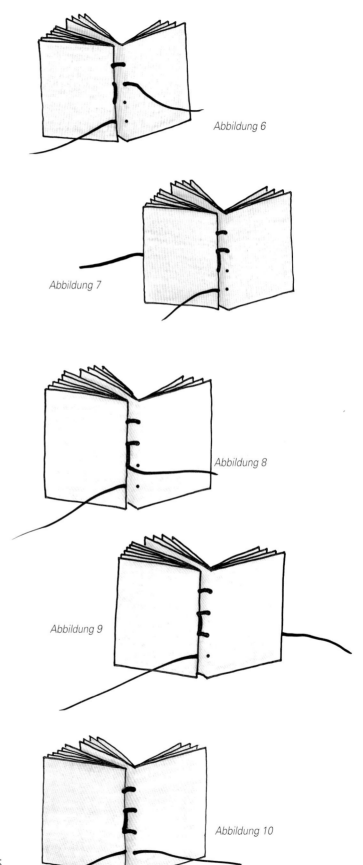

Abbildung 6

Abbildung 7

Abbildung 8

Abbildung 9

Abbildung 10

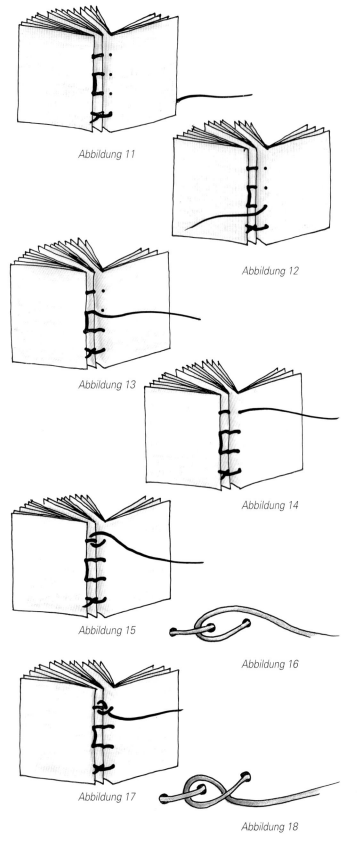

Abbildung 11

Abbildung 12

Abbildung 13

Abbildung 14

Abbildung 15

Abbildung 16

Abbildung 17

Abbildung 18

zweite Loch *der ersten Lage* hinein (Abb. 7) und beim dritten Loch der ersten Lage wieder hinaus (Abb. 8).

9. Nun in das dritte Loch der zweiten Lage hinein (Abb. 9). Die zwei Lagen sind jetzt an drei Stellen miteinander verbunden.

10. Führen Sie den Zwirn beim untersten Loch der zweiten Lage hinaus. Jetzt haben Sie auf dieser Höhe zwei Enden des Zwirns (Abb. 10). Verknoten Sie diese zusammen, schneiden Sie aber noch nichts ab.

11. Fügen Sie die dritte Lage hinzu, nähen Sie in das unterste Loch hinein, um sie mit den anderen zu verbinden (Abb. 11).

12. Fahren Sie beim dritten Loch der dritten Lage hinaus (Abb. 12). Erinnern Sie sich: Auf der Höhe der beiden mittleren Löcher werden die Lagen nochmals miteinander verbunden; nähen Sie also hier in das dritte Loch der zweiten Lage hinein, beim zweiten Loch wieder hinaus (Abb. 13).

13. Nun beim zweiten Loch der dritten Lage hinein, beim obersten wieder hinaus (Abb. 14).

14. Jetzt käme also die vierte Lage; aber warten Sie damit noch einen Moment. Wenn Sie diese jetzt gleich beifügen und mit dem Nähen weiterfahren, ist die dritte Lage oben nicht fest genug mit den ersten beiden Lagen verbunden. Sie können die Verbindung verstärken, indem Sie unter dem bereits vorhandenen Stich zwischen den ersten zwei Lagen hindurch nähen. Hier haben Sie die Wahl zwischen einem einfachen Stich (Abb. 15 und 16) und dem solideren und der Tradition der Buchbinderei besser entsprechenden Fitzbund (Abb. 17 und 18).

15. Fügen Sie die vierte Lage bei, wieder nach dem gleichen Verfahren. Sie nähen von oben nach unten, beim zweiten Loch in die vorhergehende Lage hinein, beim dritten hinaus und in die vierte hinein, beim untersten hinaus (Abb. 19). Nun verbinden Sie die vierte Lage unten mit der dritten, wieder entweder mit einem einfachen Stich (Abb. 20 und 21) oder mit einem Fitzbund (Abb. 22 und 23).

16. Fahren Sie mit der fünften Lage auf die gleiche Weise weiter. Zuletzt verknoten Sie den Faden beim obersten Loch zweimal (Abb. 24).

17. Nun binden Sie die beiden Enden des Zwirns ab, aber schneiden Sie sie nicht zu knapp ab (Abb. 25). Die Knoten werden vom Buchrücken vollkommen verborgen. Riskieren Sie also nicht, dass sie sich später unter dem Einband lösen, weil der Zwirn zu kurz geschnitten war. (Ein dreifacher Knoten kann nicht schaden und ist auch nicht zu sehen.)

18. Bringen Sie etwas Kleister auf den Rücken der Lagen, nur ganz wenig und nur auf den Rücken. Passen Sie auf, dass kein Kleister auf das Textteil gerät.

19. Jetzt kommt der Einband. Legen Sie die drei Teile (beide Einbanddeckel und den Buchrücken) nebeneinander, wie in Abb. 26 gezeigt.

20. Das Japanpapier, mit dem der Einband überzogen wird, hält die drei Einbandteile zusammen und sieht dekorativ aus. Wenn das Papier mit Kleister bestrichen ist, wird es schwierig, die Einbandteile ohne Markierungslinie richtig zu plazieren. Ziehen Sie deshalb vorher im Abstand von 25 mm vom unteren Rand einen leichten Bleistiftstrich quer über das Japanpapier (Abb. 27).

21. Bringen Sie eine gleichmässige, dünne Schicht Kleister auf die ganze Fläche des Japanpapiers. Legen Sie die drei Einbandteile behutsam direkt an die Markierungslinie, lassen Sie zwischen diesen Teilen je 3 mm Abstand (Abb. 28).

Hinweis: Dieser Abstand zwischen den Teilen ist eine heikle Angelegenheit. Ist er zu schmal, lässt sich das Buch nicht richtig schliessen. Ist er zu breit, gibt es ein wackliges Gelenk und einen unstabilen Einband. Der Abstand von 3 mm ist für Einbanddeckel normaler Stärke richtig. Wenn Sie für den Einband ein dickeres Material wählen, so rechnen Sie für die Lücken das Anderthalbfache der Materialdicke. Auf diese Weise erhalten Sie ein gut funktionierendes Gelenk. Wenn Sie mit sehr dünnem Material arbeiten, so machen Sie vorher ein Muster. Meistens sind aber 3 mm gerade richtig.

22. Es gibt verschiedene Methoden zum Bilden der Ecken beim Überziehen der Einbanddeckel. Die nachstehend beschriebene Methode nennen wir *Universalecke*. Sie eignet sich vor allem für Gewebe und für dünne oder sehr weiche Überzugspapiere. Da das Papier schon mit Kleister bestrichen ist, braucht es keinen zweiten Kleisteranstrich. Falzen Sie jede Ecke einwärts,

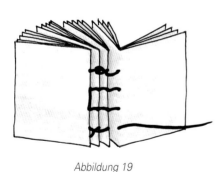

Abbildung 19

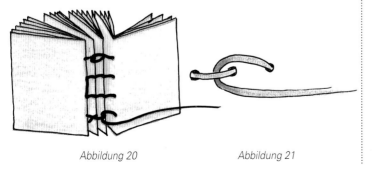

Abbildung 20   *Abbildung 21*

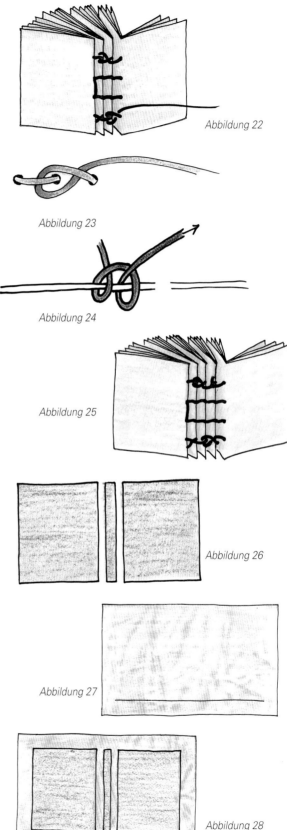

Abbildung 22

Abbildung 23

Abbildung 24

Abbildung 25

Abbildung 26

Abbildung 27

Abbildung 28

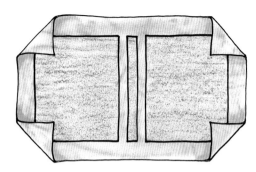

Abbildung 29

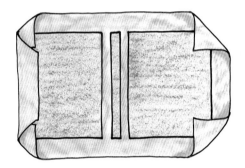

Abbildung 30

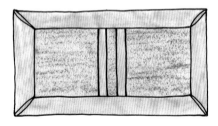

Abbildung 31

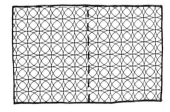

Abbildung 32

Abbildung 33

so dass das Papier eine kleine annähernd quadratische Partie an den Ecken der Deckel bedeckt (Abb. 29). Drücken Sie das Papier fest an die Ecken der Deckel, aber nicht so fest, dass es zerreisst.

23. Nun bestreichen Sie diese neuen Ecken nochmals mit Kleister. Falzen Sie eine der Schmalseiten um den Deckel (Abb. 30). Ziehen Sie das Papier fest genug um den Rand des Deckels, damit eine saubere, scharfe Kante entsteht, aber wieder nicht so fest, dass es zerreisst oder schräg zu liegen kommt.

24. Wiederholen Sie dies mit den übrigen drei Seiten. Nun ist der Einband fertig überzogen (Abb. 31).

25. Wickeln Sie den Einband in Wachspapier ein, legen Sie ihn in Ihre Buchpresse oder unter ein schweres, grossformatiges Buch oder unter ein beschwertes Brett, damit er beim Trocknen schön flach liegt.

26. Wenn der Einband völlig trocken ist, stehen Ihnen verschiedene Methoden offen, um ihn mit dem Textblock zu verbinden. Für dieses Projekt wurde eine der einfachsten Methoden gewählt. Dabei wird von den Vorsatzblättern Gebrauch gemacht.

Falzen Sie jedes Vorsatzblatt in der Mitte (Abb. 32). Bestreichen Sie beide Vorsatzblätter zur Hälfte mit Kleister und kleben eines auf die erste, das andere auf die letzte Seite des Textblocks (Abb. 33).

27. Nun bestreichen Sie die andere Hälfte des ersten Vorsatzblattes mit Kleister. Legen Sie den Falz des Vorsatzblattes sorgfältig und exakt auf den hinteren Rand des vorderen Einbanddeckels (und nicht etwa auf den schmalen Streifen, der für den Buchrücken vorgesehen ist) (Abb. 34). Streichen Sie das Vorsatzblatt schön glatt.

Hinweis: Es ist wichtig, dass die hintere Kante des Textblocks genau an die hintere Kante des vorderen Einbanddeckels zu liegen kommt. Wenn das nicht stimmt, wird nachher der ganze Textblock irgendwie schief im Einband liegen.

28. Bestreichen Sie die noch freie Hälfte des hinteren Vorsatzblattes mit Kleister. Wenn Sie bis dahin alles richtig gemacht haben, müssen Sie bloss noch das Buch schliessen (Abb. 35), damit alle Teile exakt aufeinanderpassen. Öffnen Sie das Buch sogleich wieder, um zu prüfen, ob irgendwo noch kleine Korrekturen nötig sind. Dann streichen Sie auch das hintere Vorsatzblatt schön glatt.

29. Fassen Sie das fertige Buch in Wachspapier ein, wie folgt: Legen Sie das Wachspapier von der Innenseite des vorderen Einbanddeckels her um den ganzen Einband herum bis zur Innenseite des hinteren Deckels. Zum Trocknen legen Sie das so eingewickelte Buch wieder – wie vorher den Einband – in die Buchpresse oder unter ein schweres, grossformatiges Buch oder ein beschwertes Brett.

Bemerkung: Wenn Sie Ihr eigenes Buch entwerfen, sind Sie natürlich nicht an die hier genannten Masse gebunden. Die Grösse des Textblocks bestimmt die Grösse des ganzen Buches. Wählen Sie also die Grösse des Textblocks (vergessen Sie dabei nicht, dass alle Bogen in der Mitte gefalzt werden, dass also die Bogen doppelt so breit sein müssen wie nachher der Textteil). Machen Sie genügend Lagen für die gewünschte Dicke des Buches. Der Einband muss immer etwas grösser sein als der Textteil, damit er diesen oben, unten und an der Vorderkante um je 3 bis 6 mm überragt. Dieser Überhang verdeckt auch allfällige kleine Unterschiede innerhalb des Textblocks. Die beiden Einbanddeckel müssen so zugeschnitten werden, dass oben, unten und an einer Seite der Überhang berücksichtigt ist; dagegen stimmt die Breite des Buchrückens genau mit der Dicke des Textblocks überein.

VORSATZBLATT-VARIANTEN

Man kann den Textblock auch ohne Vorsatzblätter einbinden. In diesem Fall kleben Sie die erste Seite des Textteils direkt auf die Innenseite des vorderen Einbanddeckels, die letzte Seite des Textteils direkt auf die Innenseite des hinteren Einbanddeckels. Achten Sie auch hier darauf, dass die hintere Kante des Textteils genau auf den hinteren Rand des vorderen Einbanddeckels zu liegen kommt. Wenn Ihnen die Vorsatzblätter gefallen, brauchen Sie sich nicht auf ein vorderes und ein hinteres Vorsatzblatt zu beschränken. Es gibt sehr schöne Bücher mit dreifachen Vorsatzblättern. Sie benötigen dafür je zwei Bogen von drei dekorativen Papieren, jeder dieser Bogen doppelt so breit wie der Textblock. Kleben Sie ein Vorsatzblatt auf die erste Seite des Textteils, das zweite Vorsatzblatt auf das erste, das dritte auf das zweite und auf den vorderen Einbanddeckel. Bei diesem letzten muss wieder der Falz genau auf die hintere Kante des Einbanddeckels zu liegen·kommen. Der ganze Prozess wird für die hinteren Vorsatzblätter wiederholt. Die so gebildeten neuen Seiten heissen *fliegende Vorsatzblätter*.
Anstatt als Vorsatzblätter können Sie dekorative Papiere auch als Randverzierung für einige oder alle Seiten des Textteils verwenden. Bei dieser Anwendung müssen Sie sich gut überlegen, welches dekorative Papier Sie wählen. Ist es zu dick, so lässt sich unter Umständen das Buch nicht mehr richtig schliessen.

VARIANTEN DER EINBANDDECKEL-ECKEN

Die Wahl der Einbanddeckel-Ecken hängt vom gewünschten Aussehen des Buches und von der Art des Überzugspapiers oder -gewebes ab. Die oben beschriebene Universalecke eignet sich, wie schon erwähnt, für Gewebe und für dünne und sehr weiche Überzugspapiere. Für schwere oder stark strukturierte Papiere und für solche mit einer harten Oberfläche ist die Gehrungsecke besser. (Geschenkpapiere sind ein gutes Beispiel für Papiere mit harter Oberfläche, einige Sorten sind sogar glasiert.)

Gehrungsecken
Diese Form der Ecke erfordert etwas Schneidearbeit. Legen Sie

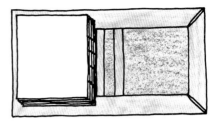

Abbildung 34

Abbildung 35

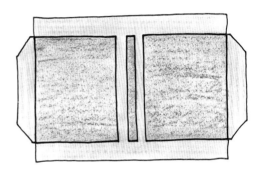

Abbildung 36

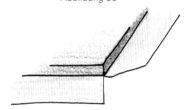

Abbildung 37

die für den vorderen und den hinteren Einbanddeckel vorgesehenen Kartonabschnitte auf das Papier und markieren Sie deren Umrisse genau (Buchrücken fakultativ). Nun schneiden Sie von den Ecken der Deckel aus senkrecht nach oben und senkrecht nach unten (Abb. 36).
Bevor Sie die schrägen seitlichen Schnitte machen, machen Sie von jeder Ecke aus einen kurzen der Dicke des Deckels entsprechenden waagrechten Schnitt nach aussen. Erst von dort aus machen Sie dann einen Schnitt im Winkel von 45° (Abb. 37).
Nun kleben Sie den oberen und den unteren Randstreifen auf die Deckel. Drücken Sie sie fest auf die Deckel, um glatte und scharfe Kanten zu erhalten (Abb. 38). Schliesslich kleben Sie die seitlichen Streifen auf die Deckel (Abb. 39). Sehen Sie jetzt, warum Sie soeben diese kurzen waagrechten Schnitte machen mussten?

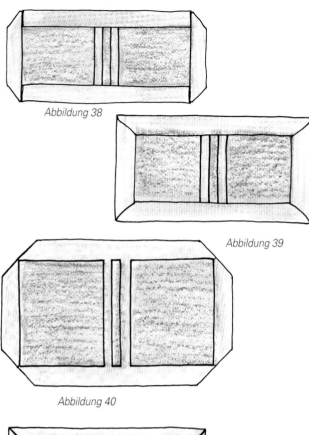

Abbildung 38

Abbildung 39

Abbildung 40

Abbildung 41

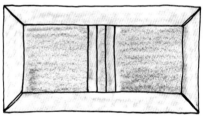

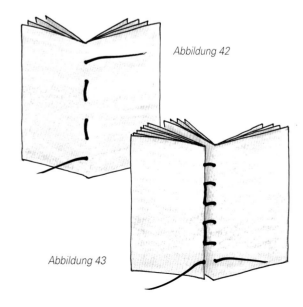

Abbildung 42

Abbildung 43

Tagebuch ohne Titel, Dorothy Swendeman.

Nur dank dieses Vorgehens verdeckt das Überzugspapier an dieser Stelle die Kante des Kartons. Hätten Sie von der Ecke des Deckels aus direkt im Winkel von 45° geschnitten, würde hier ein kleines Stück Karton sichtbar bleiben.

Eine andere Gehrungsecke

Vorausgesetzt, dass Sie beim Schneiden sehr exakt vorgehen, stossen beim nachstehend beschriebenen Verfahren die einzelnen Abschnitte des Überzugspapiers genau aneinander, ohne sich zu überlappen. Daher eignet sich dieses Verfahren besonders für schwere oder stark strukturierte Überzugspapiere, die sich wegen ihrer Dicke nirgends überlappen dürfen.

Messen Sie die halbe Dicke des Deckels, markieren Sie dieses Mass in jeder Ecke. Mit Hilfe eines Zeichendreiecks schneiden Sie an diesen Stellen im Winkel von 45° je ein Stück des Überzugspapiers ab. Dann machen Sie noch überall einen kleinen Einschnitt auf die vier Ecken zu (Abb. 40).

Kleben Sie jede Partie auf den Deckel, wobei Sie wieder darauf achten, dass Sie glatte und scharfe Kanten erhalten (Abb. 41). Wenn die Arbeit exakt ausgeführt wurde, passen die Teile des Überzugspapiers genau aufeinander, und es gibt weder überlappende Stellen noch Lücken.

VARIANTEN DER STICHE UND DER GRÖSSE

Für ein grösseres Buch sind mehr Löcher und Stiche erforderlich, um die Lagen fest miteinander zu verbinden (Abb. 42). Es braucht immer eine gerade Anzahl Löcher. Sie brauchen nur die gewünschte Anzahl Löcher zu markieren und zu stanzen. Beim Nähen wird das beschriebene Verfahren einfach fortgesetzt (Abb. 43). Die Stiche bleiben gleich, unabhängig von der Grösse des Buches.

EINBANDDEKORATIONEN

Als einfache Einbanddekoration können Sie ein paar Streifen oder Bänder eines Papiers in einer Kontrastfarbe anbringen. In Abb. 44 sehen Sie ein Beispiel; hier liegen die Papierstreifen quer über das ganze Buch. Für diese Anwendung schneiden Sie lange Papierstreifen der gewünschten Breite und kleben sie auf den fertigen Einband, bevor Sie den Textteil einkleben; falzen Sie die Streifen aber noch nicht über die Vorderkanten.

Sobald alle Streifen aufgeklebt sind, schliessen Sie den Einband. Weil der Kleister noch nicht trocken ist, lassen sich die Streifen glatt über den Buchrücken ziehen, ohne zu zerreissen. Nun öffnen Sie den Einband wieder, falzen die Streifen über die Kanten und kleben sie auf der Innenseite fest. Damit nun der Einband nicht an einer Stelle zu dick wird, versetzen Sie die Enden ein wenig gegeneinander (Abb. 45). Dann machen Sie das Buch auf die übliche Weise fertig.

SCHLEIFEN UND LESEZEICHEN

Schleifen und eingenähte Lesezeichen machen Spass und verleihen dem Buch eine besondere Note. Wählen Sie nicht zu dicke Bänder. Satinbänder, Kordeln und weiche Baumwollbänder sind geeignet.

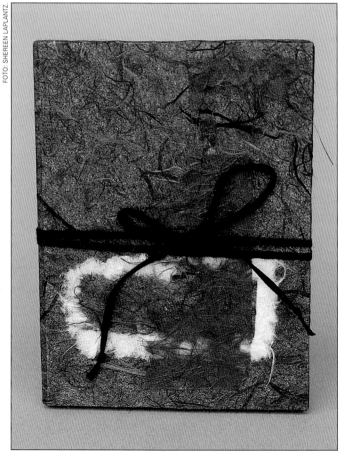

Tagebuch, Robin Renshaw.

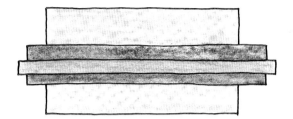

Abbildung 44

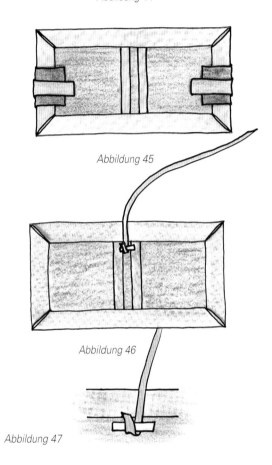

Abbildung 45

Abbildung 46

Abbildung 47

Lesezeichen

Schneiden Sie das Band in der für das Lesezeichen gewünschten Länge plus 50 mm. Diese zusätzliche Länge dient zum Befestigen des Lesezeichens; sie liegt nachher unsichtbar unter dem Rücken des Textblocks. Legen Sie ein Stück Abfallpapier von etwa 10 x 25 mm Grösse bereit.

Legen Sie das Lesezeichen, wie in Abb. 46 gezeigt, auf die Innenseite des Einbandes; das Ende liegt etwa 25 bis 30 mm unter dem oberen Rand. Kleben Sie den kleinen Streifen Abfallpapier quer über das Band, dann falzen Sie das Band zurück und kleben es auf sich selbst fest (Abb. 47). So ist das Lesezeichen gut befestigt. Machen Sie das Buch fertig.

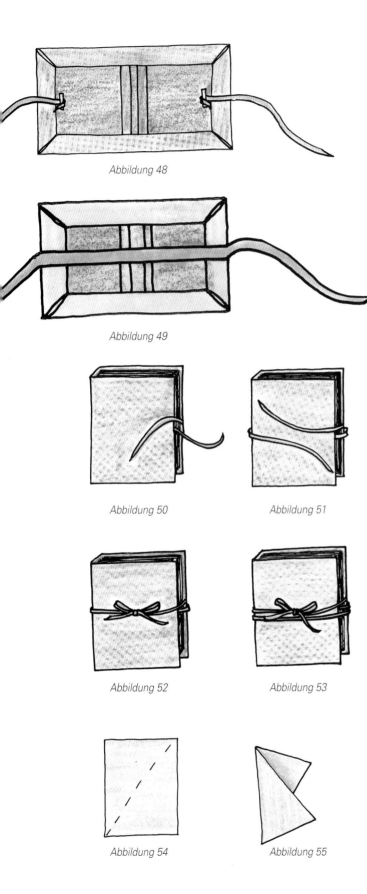

Abbildung 48

Abbildung 49

Abbildung 50

Abbildung 51

Abbildung 52

Abbildung 53

Abbildung 54

Abbildung 55

Schleifen

Bänder für Schleifen werden auf die gleiche Weise gemessen und am Einbanddeckel befestigt wie ein Lesezeichen. Der Unterschied liegt darin, dass es zwei Bänder braucht, je eines an der Vorderkante des vorderen und des hinteren Einbanddeckels.

Wenn es sich um ein kleines Buch handelt, können Sie ein einzelnes Band verwenden. Sie müssen dann die ganze Breite des geöffneten Einbanddeckels zu der gewünschten Länge der beiden losen Enden addieren. Dann kleben Sie das ganze Band quer über die Innenseite des Einbandes (Abb. 49).

Für viele Leute ist es verwirrend, ein mit Schleifen versehenes Buch richtig zu binden, besonders wenn das Band um das ganze Buch herum gewickelt werden soll. Helfen Sie ihnen, sich zurechtzufinden: Das Band am hinteren Einbanddeckel kommt nach vorn, das Band am vorderen Einbanddeckel geht hinten herum (Abb. 50 – 52). (Wenn man es andersherum versucht, ist das Buch nicht verschlossen.) Die richtige Lösung liegt auf der Hand, wenn die beiden Bänder sogleich an der vorderen Kante verbunden werden sollen. Besonders hübsch sieht es aus, wenn das Band zweimal um das ganze Buch herum geht. Mir gefällt es am besten, wenn der Endknoten gegenüber dem ersten Rundgang etwas nach oben verschoben angebracht wird; er ist dann gleichsam unterstrichen (Abb. 53).

VARIANTEN IN DER GESTALTUNG

Wie bei jeder Technik der Buchbinderarbeit hängt das Aussehen eines fertigen Buches stark von der Gestaltung ab. So kann man beispielsweise die Seiten diagonal anstatt senkrecht falzen und so dem Buch eine ganz interessante neue Form geben. Ein Einband kann in sich selber hineingefalzt werden, oder es werden auf der Innenseite des Einbandes Taschen angebracht. So wird ein einfacher Kodex dank Gestaltung zu einem komplexen Gebilde.

Ungewöhnliche Falze der Seiten, ungewöhnliche Buchformen

Die Bogen, aus denen ein Buch aufgebaut wird, müssen keineswegs immer genau senkrecht in der Mitte gefalzt werden; es gibt viele andere Möglichkeiten. Wenn die Bogen diagonal oder irgendwie schräg gefalzt werden, gibt es keinen rechteckigen Textblock, sondern eine andere mehr oder weniger komplizierte Form. Da stellt sich sogleich die Frage nach der Form des Einbandes: Soll er trotzdem rechteckig sein oder sich nach der neuen Form des Textblockes richten? Wenn rechteckig, dann muss er natürlich gross genug sein, um den anders gestalteten Textblock vollständig zu schützen. Wenn man aber auch für den Einband die neue Form wählt, erfordert dies einige neue Techniken.

Wählen Sie für Ihren Textteil eine oder mehrere Arten des Falzens. Abb. 54 zeigt eine mögliche Art (diagonal), und Abb. 55 zeigt die dazu passende Form des Einbandes. Nun falzen Sie alle Bogen und fügen sie zu Lagen zusammen.

Zeichnen Sie die Umrisse der Lage auf einen Bogen Abfallpapier. Vergrössern Sie diese Umrisse nach allen Seiten um 3 bis 6 mm, je nach dem gewünschten Überhang. Nun schneiden Sie diese vergrösserte Form aus und verwenden sie als Schablone zum Messen, Markieren und Zuschneiden der Einbanddeckel.

Legen Sie die Einbanddeckel auf das Überzugspapier und kleben Sie sie mit Kleister darauf (Abb. 56). Die Ecken bilden keine rechten Winkel mehr. Das ist kein Problem. Das Überzugspapier kann auf zwei Arten über stumpfe oder spitze Winkel geklebt werden; in beiden Fällen gibt es Gehrungsecken.

Äussere Winkel: Machen Sie einen Einschnitt von der Ecke des Einbanddeckels nach aussen (Abb. 57), falzen Sie eine Seite über die Kante des Deckels (Abb. 58), aber noch ohne sie festzukleben. Markieren Sie die Kante des Deckels auf dieser gefalzten Partie. Schneiden Sie an dieser Markierung entlang oder ganz knapp innerhalb der Markierung (Abb. 59). Falzen Sie die andere Seite über den Deckel, wieder ohne sie festzukleben. Markieren Sie eine Linie über die Mitte dieser Ecke (Abb. 60).

Öffnen Sie den zweiten Falz wieder, machen Sie direkt vom Rand des Deckels aus nach aussen einen Schnitt, dessen Länge der Stärke des Deckels entspricht. Dann schneiden Sie entlang der soeben markierten Mittellinie (Abb. 61).

Zum Abschluss kleben Sie beide Teile des Überzugspapiers um die Kante des Deckels herum fest (Abb. 62).

Innere Winkel (Abb. 63): Bevor die Deckel auf das Überzugspapier geklebt werden, reissen Sie für jeden einwärts gerichteten Winkel ein kleines Stück Überzugspapier ab, machen Sie in jeden Flicken vom Rand her einen Riss (Abb. 64).

Kleben Sie den Flicken so auf die Innenseite des Deckels, dass die auf beiden Seiten des Risses entstehenden Klappen um die Kan-

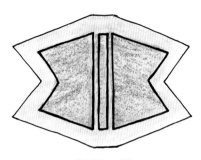

Abbildung 56

Abbildung 57   *Abbildung 58*   *Abbildung 59*

Abbildung 60   *Abbildung 61*   *Abbildung 62*

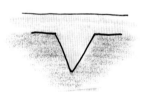

Abbildung 63   *Abbildung 64*

Abbildung 65

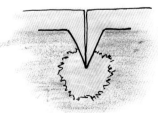

Abbildung 66

Modelle, Shereen LaPlantz.

43

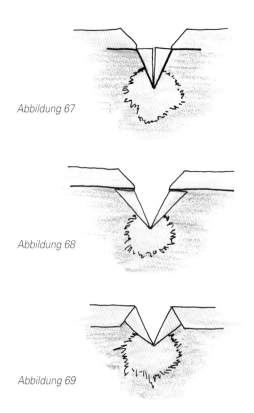

Abbildung 67

Abbildung 68

Abbildung 69

Modelle, Shereen LaPlantz.

ten des Innenwinkels des Deckels gefalzt und festgeklebt werden können (Abb. 65).

Wenn sich an jedem Innenwinkel ein solcher Flicken befindet, kleben Sie die Deckel auf das Überzugspapier. Dann machen Sie von jedem Winkel aus einen Schnitt nach aussen (Abb. 66).

Nun gibt es aber an diesem Winkel noch zwei weitere Ecken, oben. Befolgen Sie die Anweisungen für äussere Winkel, schneiden Sie das Überzugspapier für solche Winkel (Abb. 67).

Falzen Sie die zwei kleinen Klappen neben dem Flicken hinein und kleben Sie sie fest (Abb. 68). Der Flicken kaschiert den offen liegenden Teil des Deckels. Nun falzen Sie die beiden verbleibenden Seiten nach unten und kleben sie fest (Abb. 69).

Einbände mit Scharnier

Einbandscharniere werden manchmal verwendet, um das Buch leichter öffnen zu können und somit den Textteil besser zugänglich zu machen. Zudem beleben sie das äussere Bild des Buches. Zerschneiden Sie den Einbanddeckel an der Stelle, wo Sie ein Scharnier haben wollen, und lassen Sie dort eine Lücke (Abb. 70). Mit einer 3 mm breiten Lücke können Sie nachher bei diesem Scharnier einen Winkel von 90° bilden. Wenn Sie einen grösseren Winkel wünschen, machen Sie die Lücke etwas breiter, etwa 5 mm.

Einband mit zusätzlicher Klappe

Eine einfache Variante besteht darin, dem Einbanddeckel eine Klappe beizufügen, die nach innen umgelegt werden kann. So

Modelle, Shereen LaPlantz.

bekommt man eine Art Tasche oder Mappe für lose Blätter, Fotos oder Landkarten.

Wenn Sie die Teile für den Einband vorbereiten, dann fügen Sie einen «zweiten Buchrücken» (der dann an die vordere Kante zu liegen kommt) und einen «dritten Einbanddeckel» bei. Dieser «falsche Buchrücken» muss schmaler sein als der echte, weil sonst der echte vordere Einbanddeckel nicht mehr flach liegt. Und da der «dritte Einbanddeckel» unter den normalen Einbanddeckel gelegt wird, muss er auf jeden Fall schmaler sein als dieser (Abb. 71).

Textumschläge und Briefumschläge

Einfache Briefumschläge können am Einband befestigt werden, sei es innen oder aussen. Machen Sie Ihre Briefumschläge, nähen oder kleben Sie sie an den gewünschten Stellen ein. Ein Textumschlag ist ein einzelner Bogen Papier, der am hinteren Einbanddeckel befestigt und dann um den ganzen Textteil herum gelegt wird. Am häufigsten wählt man einen solchen Umschlag, wenn der Textteil nur aus losen Blättern besteht, also nicht eingebunden ist, oder wenn dem gebundenen Textteil noch lose Blätter beigefügt werden. Der Textumschlag kann auch dazu dienen, darauf hinzuweisen, dass der Textteil kostbare Blätter oder solche aus verletzlichem Material enthält und deshalb mit besonderer Sorgfalt behandelt werden soll.

Textumschläge werden meistens aus widerstandsfähigem Papier ohne Dekoration gemacht, Briefumschläge aus widerstandsfähi-

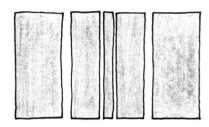

Abbildung 70

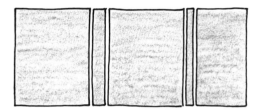

Abbildung 71

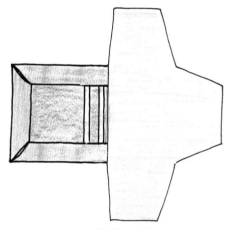

Abbildung 72

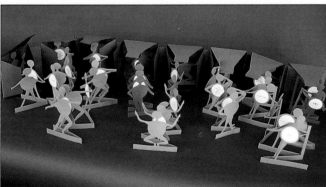

Pregnant With Ourselves, Shereen LaPlantz,
Press de LaPlantz.

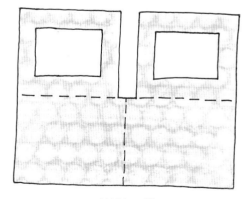

Abbildung 73

Abbildung 74

Abbildung 75

gem Papier mittlerer Stärke. Der Textumschlag hat die Abmessungen des hinteren Einbanddeckels, plus Dicke des Textteils, plus etwa zwei Drittel der Breite des Textteils. Schneiden Sie ihn so zu, dass der Rand auf der Seite des Buchrückens nicht ganz senkrecht verläuft, wie Abb. 72 zeigt, damit er dort nicht zerknittert wird. Für die anderen Ecken des Textumschlages haben Sie freie Hand. Kleben Sie den Textumschlag innen auf den hinteren Einbanddeckel.

Wenn Sie selber Möglichkeiten für die Gestaltung des Buches suchen, so bringen Sie irgendein neues Element ein, das Sie interessiert. Ich kaufte einmal ein Buch über illustrierte Manuskripte. Es enthielt lose handgedruckte Blätter in einem Textumschlag als Schutz. Diese Idee des Textumschlags gefiel mir, und ich fing an, mit verschiedenen Arten von Textumschlägen und Briefumschlägen zu experimentieren. Daraus entstand schliesslich mein *Pregnant with Ourselves*.

Passepartout-Buch

Das Passepartout ist eine Umrahmung für Fotos und Bilder, und das Passepartout-Buch enthält lauter solche Rahmen. Wenn die

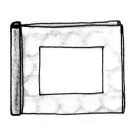

Abbildung 76

Abbildung 77

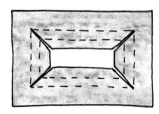

Abbildung 78

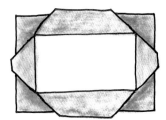

Abbildung 79

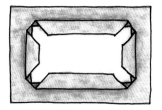

Abbildung 80

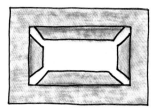

Abbildung 81

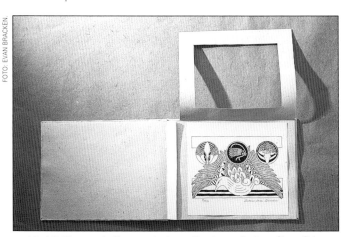

FOTO: EVAN BRACKEN.

Modell, Shereen LaPlantz, mit einem Druck von Barbara Shaw Brinson.

für das Buch bestimmten Bilder schon vorhanden sind, können Sie die Passepartouts genau nach deren Mass anfertigen. Andernfalls machen Sie das Buch so, dass es für die von Ihnen bevorzugte Grösse der Bilder oder Fotos passt. Das Fenster hat die zum Bild passende Grösse, der umgebende Rahmen ist auf allen Seiten in der Regel etwa 50 mm breit.

Machen Sie ein Muster in der von Ihnen gewünschten Grösse (Abb. 73). Der Originalbogen (siehe Seite 10) bietet Platz für zwei Passepartouts. Lassen Sie dazwischen eine etwa 64 mm breite Lücke für das nachfolgende Binden.

Wählen Sie starkes Papier, wie es beispielsweise für Kupferstich- oder Holzschnittdrucke verwendet wird, am besten in grossen Bogen. Schneiden Sie beliebig viele Originalbogen für je zwei Passepartouts; aber denken Sie daran, dass ein Passepartout-

Buch schon bald eine gewisse Dicke erreicht. Falzen Sie die Rahmen entlang der punktierten Linie. Ein Rahmen wird nach vorne, der andere nach hinten gefalzt. Nun falzen Sie das Blatt senkrecht in der Mitte. Es entsteht ein doppeltes Blatt mit Rahmen (Abb. 74).

Wenn diese Doppelblätter nun sogleich zusammengeheftet werden, so klafft das Buch auseinander, weil die Seiten bei den Rahmen viel dicker sind als beim Rücken, und wenn sich später erst noch die Fotos oder sonstigen Bilder in den Rahmen befinden, wird das noch schlimmer.

Um dieses Problem zu lösen, fügen wir beim Buchrücken als Füller schmale Papierstreifen ein, so dass die bei den Rahmen entstehende zusätzliche Dicke der Doppelblätter ausgeglichen wird. Dabei muss die Dicke des Rahmens und die des Fotos oder Bildes berücksichtigt werden. Diese Papierstreifen werden sowohl in den Falz des Doppelblattes als auch aussen am Falz eingefügt. Die Breite der Streifen wird wie folgt gemessen: Für den Streifen aussen am Falz: 14 mm weniger als die Lücke zwischen zwei Passepartouts. Für den Streifen im Falz: 26 mm weniger als die Lücke zwischen zwei Passepartouts. Beispiel: Wenn Sie eine Lücke von 64 mm gelassen haben, wie oben angegeben, wird der äussere Papierstreifen 50 mm, der innere 38 mm breit.

Falzen Sie alle diese Papierstreifen der Länge nach in zwei Hälften (Abb. 75). Legen Sie einen äusseren Streifen um den Falz des Doppelblattes herum (Abb. 76), einen inneren Streifen in den Falz hinein (Abb. 77).

Ein Doppelblatt mit den zugehörigen Papierstreifen gibt eine Lage. Die Lagen werden nun gleich gebunden wie die Lagen eines normalen Buches: Markieren, Löcher stanzen, nähen.

Einen Unterschied gibt es, wenn die Lagen mit dem Einband verbunden werden. Weil es keine erste und keine letzte Seite gibt, mit denen Sie die Vorsatzblätter verbinden können, müssen Sie statt dessen die äusseren Papierstreifen verwenden. Trotz ihrer geringen Grösse genügen sie für diesen Zweck. Kleben Sie die Streifen direkt auf die Innenseite der Einbanddeckel, dann kleben Sie einzelne Vorsatzblätter darauf (keine Doppelbogen).

Eine andere Form des Passepartout-Buches

Dieses Passepartout wird auf sich selbst gefalzt, um das Bild festzuhalten. Da es nicht so fest ist wie die oben beschriebene Form, eignet es sich vor allem für kleinformatige Bilder und Fotos. Fast jedes beliebige Papier, auch Fotokopierpapier, kann verwendet werden, nicht aber Japanpapier, da dieses zu weich ist. Die Passepartouts können zu einem Buch verbunden oder lose aufbewahrt werden.

Nehmen Sie einen Bogen Papier von genügender Länge, um ihn in der Mitte zu falzen, also eine Lage daraus zu machen. Markieren Sie auf der Rückseite die Ränder des Fensters. Dann zeichnen Sie ein zweites Rechteck, dessen Seiten überall etwa 6 bis 13 mm innerhalb der Ränder des Fensters liegen, und ein drittes Rechteck etwa 20 bis 40 mm innerhalb des zweiten.

Schneiden Sie das innerste Rechteck aus. Dann machen Sie in jeder Ecke einen Schnitt von der innersten bis zur äussersten Ecke (Abb. 78).

Falzen Sie die so gebildeten vier Klappen entlang der äussersten Linie nach aussen (Abb. 79). Nun falzen Sie einen Teil der Klappen entlang der mittleren Linie nach innen (Abb. 80). Das Foto wird eingeschoben und von den vier Klappen festgehalten (Abb. 81). Entweder lassen Sie nun das Passepartout in dieser Form, um das Foto jederzeit auswechseln zu können, oder Sie kleben ein Blatt Papier auf die Rückseite der vier Klappen und schliessen so das Foto fest ein. Wenn Sie eine Anzahl Passepartouts zu einem Buch verbinden wollen, gehen Sie in der oben beschriebenen Weise vor. Vergessen Sie nicht, die Papierstreifen anzubringen, damit der aus Passepartouts bestehende Textteil mit dem Bucheinband verbunden werden kann.

Sternbuch

Es gibt zwei Typen des Sternbuches. Der nachstehend beschriebene Typ ist im Grunde genommen nichts anderes als eine besondere Form des Kodex, der andere ein dreilagiges Faltbuch (Leporello- oder Ziehharmonikabuch). Die zweite Form wird im Kapitel «Kombinierte Bucheinbände» behandelt.

Beim hier beschriebenen Sternbuch besteht der Textblock aus zwei Sätzen Lagen, und jede Lage ist ein Einzelblatt. Der eine Satz Lagen bildet das innere Gerüst und wird mit Hilfe der oben im Abschnitt «Passepartout-Buch» beschriebenen Papierstreifen (Füller) zu einem Standard-Kodex mit dem Einband verbunden. Der zweite Satz Lagen wird an der vorderen Kante mit dem ersten Satz verbunden und bildet den Stern. Dieses Sternbuch unterscheidet sich in einem wesentlichen Punkt von einem normalen Kodex: Es besitzt keinen Buchrücken aus festem Material, damit die einzelnen Seiten vom Rücken aus strahlenförmig nach allen Richtungen auseinandergehen und den Stern bilden können.

Im Interesse einer möglichst einfachen Darstellung sind im folgenden bestimmte Zahlen für Grösse und Anzahl der Seiten angegeben; aber es steht Ihnen natürlich frei, diese abzuändern. Wählen Sie für den Textteil zwei verschiedene Sorten Fotokopierpapier. Nehmen Sie von dem für den Stern bestimmten Papier 9 Bogen im Normalformat A3 quer, von dem für den unsichtbaren Teil bestimmten Papier 8 Bogen in einem um 50 mm kürzeren Format, ebenfalls quer. Alle Bogen werden in der Mitte gefalzt. Sie haben nun 9 gefalzte Bogen im Format A4 hoch und 8 gefalzte Bogen in einem um 25 mm schmaleren, aber gleich hohen Format.

Schneiden Sie aus dem stärkeren Papier 9 Papierstreifen von 50 mm Breite. Die Höhe ist gleich wie diejenige der gefalzten Lagen. Falzen Sie die Streifen der Länge nach in der Mitte; sie sind also nun 25 mm breit.

Bemerkung: Egal wieviele Lagen und welche Grösse Sie wählen, Sie brauchen immer je einen Satz Bogen der grösseren und der geringeren Breite, und die Breite der Papierstreifen ist immer gleich der Differenz zwischen den beiden Breiten.

Modell, Variation, doppelt gefalzter Stern, Shereen LaPlantz.

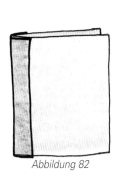

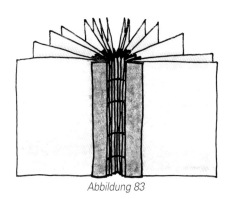

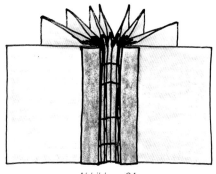

Abbildung 82   *Abbildung 83*   *Abbildung 84*

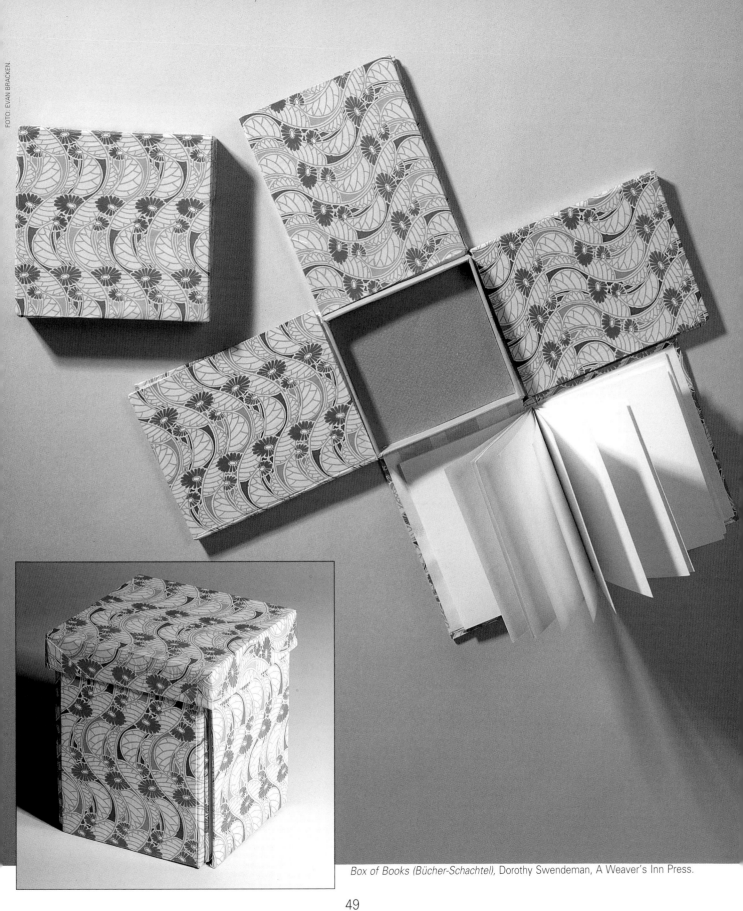

Box of Books (Bücher-Schachtel), Dorothy Swendeman, A Weaver's Inn Press.

Abbildung 85

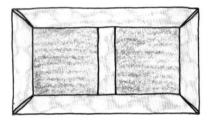

Abbildung 86

Legen Sie die grösseren gefalzten Bogen in die Streifen hinein (Abb. 82); Sie haben jetzt 9 fertige Lagen. Heften Sie diese zusammen in der gleichen Weise wie für einen normalen Kodex (Abb. 83).

Nun müssen die beiden Seiten jeder Lage paarweise zusammengeklebt werden. Kleben Sie sie nur an den äusseren Kanten zusammen. Die Papierstreifen bleiben frei, sind also nicht zwischen den zusammengeklebten Seiten eingeschlossen (Abb. 84).

Jetzt fügen Sie die schmaleren Bogen von aussen her in die zusammengeklebten breiteren Bogen hinein. Kleben Sie sie nur an den äusseren Kanten an die Kanten der jeweils benachbarten breiteren Lagen. Der Falz jedes schmalen Bogen soll gerade den Papierstreifen (Füller) berühren (Abb. 85).

Der Einband wird gleich gemacht wie für einen normalen Kodex, mit Ausnahme des Rückens. Lassen Sie genügend Raum für einen Rücken, aber fügen Sie keinen festen Rücken hinein (Abb. 86). Befestigen Sie die erste und die letzte Seite des Textblockes an der Innenseite der beiden Einbanddeckel, wie üblich.

Varianten in der Gestaltung

Der Grund-Kodex bietet von allen Techniken der Buchbinderarbeit wohl am meisten Möglichkeiten zur formalen Gestaltung. Man kann die Seiten in der Mitte oder am Rand oder gar ziehharmonikaartig falzen und den Einband auf mannigfache Weise variieren. Es gibt soviele mögliche Varianten, dass zwischen einem Grund-Kodex und einer Kombination von Kodex und Faltbuch keine klare Grenzlinie mehr gezogen werden kann.

Gestaltungsmodelle, Shereen LaPlantz.

STICHARTEN

Es gibt viele Arten von Stichen zum Zusammenheften von Lagen. Eine davon, noch heute die traditionelle Methode für besonders schöne Buchbinderarbeiten, ist der Stich über einem Band. Die Bänder werden in die Innenseite des Einbanddeckels eingebettet oder bleiben aussen sichtbar. Eine andere Methode besteht darin, die Stiche selber zu zeigen, indem die Lagen am Buchrücken sichtbar gelassen werden oder indem man am Buchrücken durch den Einband hindurch näht. Wenn Sie sichtbare Stiche machen wollen, so wählen Sie einen Zwirn in einer Kontrastfarbe oder wenigstens einen Zwirn, der dick genug ist, um sich deutlich vom Einband abzuheben.

Plant This Book (Pflanze dieses Buch), Carol Barton.

PROJEKT

In unserem Beispiel werden acht Lagen über Bänder genäht. Die Lagen sind am Buchrücken sichtbar, und die Bänder werden aussen an den Einbanddeckeln befestigt.

Materialien

Textteil: 32 Bogen irgendeines gebräuchlichen Fotokopier-, Computerdrucker- oder Schreibmaschinenpapiers, im doppelten Format des fertigen Textteils (also etwa 48 x 30 cm für ein Buch im Quartformat, A3 für ein Buch im Normalformat A4), in der Mitte gefalzt

Vorsatzblätter: 2 Bogen eines dekorativen Papiers (beispielsweise marmoriertes Papier), zugeschnitten wie unten angegeben

Einbanddeckel: 2 Abschnitte eines der auf Seite 12 beschriebenen Materialien, zugeschnitten wie unten angegeben

Überzugspapier: 2 Bogen eines geeigneten Papiers (beispielsweise Japanpapier, leichtes bis mittelschweres handgemachtes Papier, Seidenfadenpapier, Geschenkpapier), zugeschnitten wie unten angegeben

Zwirn: etwa 1,3 bis 1,5 m irgendeines Materials, das den auf Seite 15 beschriebenen Anforderungen entspricht

Klebstoff: PVA-Leim oder Fertigkleister

Abfallpapier für die Klebearbeit

Wachspapier

Projekt-Modelle, links und Mitte, Shereen LaPlantz; rechts, Dorothy Swendemann.

Werkzeuge

Stumpfe Nadel mit grossem Öhr

Küchenhandtuch oder Papierhandtuch, der Länge nach vierfach
gefaltet

Bleistift

Ahle oder ähnliches Werkzeug

Bienenwachs

Buchpresse oder grossformatiges Gewicht, zum Beispiel schwere Bücher

Arbeitsablauf

1. Schneiden Sie die Teile für den Einbanddeckel am oberen und
unteren Rand und an der Vorderkante je 3 mm grösser als den
Textteil. Dann schneiden Sie das Überzugspapier je 50 mm
länger und breiter als die Einbanddeckel, damit Sie das Papier
auf allen Seiten um die Kanten der Deckel kleben können.

2. Schneiden Sie die Vorsatzblätter so zu, dass sie etwa je 12
mm schmaler und kürzer sind als die Einbanddeckel. Wenn die
Vorsatzblätter auf die Innenseite der Deckel geklebt sind,
bleibt also ringsum ein etwa 6 mm breiter Rahmen frei.

3. Kleben Sie einen Bogen Überzugspapier auf einen Deckel. Bilden Sie die Ecken (siehe Seite 38). Kleben Sie das Vorsatzblatt
auf die Innenseite (Abb. 1). Wiederholen Sie dies für den zweiten Einbanddeckel. Wickeln Sie beide Deckel in Wachspapier
ein, legen Sie sie zum Trocknen in Ihre Buchpresse oder unter
das grossformatige Gewicht.

4. Fügen Sie die 32 Textteilbogen zu 8 Lagen von je 4 Bogen
zusammen (Abb. 2). Markieren Sie die Stellen für die Löcher

Abbildung 1

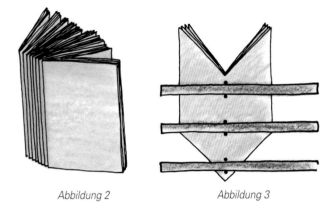

Abbildung 2

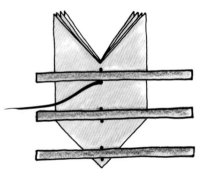

Abbildung 3

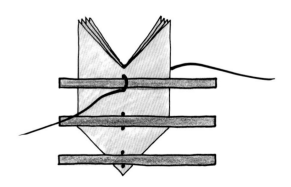

Abbildung 4

Abbildung 5

(Abb. 3). Es ist wichtig, dass diese Löcher exakt zu beiden Seiten der Bänder angebracht werden, ohne Zwischenraum. Wenn Sie sicher sind, dass dies genau stimmt, stanzen Sie die Löcher.

5. Mit dem Nähen können Sie entweder an der Aussen- oder an der Innenseite der ersten Lage beginnen. Der Deutlichkeit halber ist hier der Beginn an der Aussenseite gezeichnet. Dies hat jedoch zur Folge, dass der Knoten am Schluss auch an die Aussenseite kommt und somit sichtbar bleibt. Wenn sich der Knoten an der Innenseite befinden, von aussen also nicht sichtbar sein soll, beginnen Sie mit dem Nähen auf der Innenseite der ersten Lage. So oder so führen Sie den Zwirn durch das zweite Loch von oben in die Lage hinein (Abb. 4).

6. Nähen Sie aus dem obersten Loch hinaus, dann hinunter über das Band, beim zweiten Loch wieder hinein (Abb. 5). Verknüpfen Sie hier den Zwirn mit sich selbst; dann nähen Sie weiter bis zum untersten Loch und machen einen laufenden Stich über die Bänder (Abb. 6).

7. Nachdem Sie die Nadel beim zweituntersten Loch wieder herausgeführt haben (Abb. 7), legen Sie die zweite Lage neben die erste und nähen dort in das zweitunterste Loch hinein (Abb. 8).

8. Nähen Sie zum untersten Loch der zweiten Lage hinunter. Dann machen Sie einen laufenden Stich über den Rücken der zweiten Lage nach oben (Abb. 9). Der Zwirn muss auf der Aussenseite über die Bänder laufen, auf der Innenseite ganz zuinnerst in der Lage. Die beiden Lagen werden so eng als möglich nebeneinander gehalten.

Ziehen Sie den Zwirn immer fest an, immer in der Richtung, in der Sie nähen. Wenn Sie in der entgegengesetzten Richtung ziehen, riskieren Sie, das Papier aufzureissen.

9. Nun führen Sie die Nadel beim zweitobersten Loch der zweiten Lage heraus (Abb. 10) und fügen die dritte Lage hinzu. Nähen Sie bei dieser in das zweitoberste Loch hinein, beim obersten Loch hinaus, machen Sie einen laufenden Stich über den Rücken nach unten (Abb. 11).

10. Fahren Sie in dieser Weise fort, bis alle acht Lagen zusammengenäht sind (Abb. 12). Dann verknoten Sie das Ende des Zwirns zweimal (siehe Abb. 24, Seite 37). Wenn nötig, ziehen Sie behutsam an den Bändern, bis der Zwirn überall gleich stark gespannt ist (Abb. 13); ziehen Sie aber die Bänder nicht heraus.

11. Um die Einbanddeckel am Textblock zu befestigen, werden die Bänder auf die Aussenseite der Deckel geklebt (Abb. 14). Zuerst legen Sie die Einbanddeckel genau auf die richtige Stelle; dann schneiden Sie die Bänder auf die gewünschte Länge zu und kleben sie sorgfältig auf. Achten Sie darauf, dass kein Klebstoff neben den Bändern auf die Deckel gerät; denn die empfohlenen Klebstoffe bleiben sichtbar.

12. Wickeln Sie das fertige Buch in Wachspapier ein und legen Sie es zum Trocknen in Ihre Buchpresse oder unter ein schweres, grossformatiges Buch oder ein beschwertes Brett.

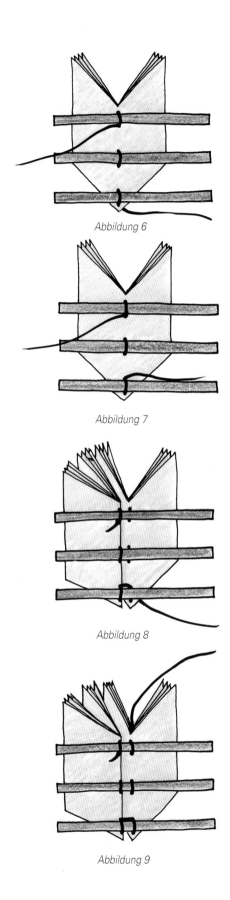

Abbildung 6

Abbildung 7

Abbildung 8

Abbildung 9

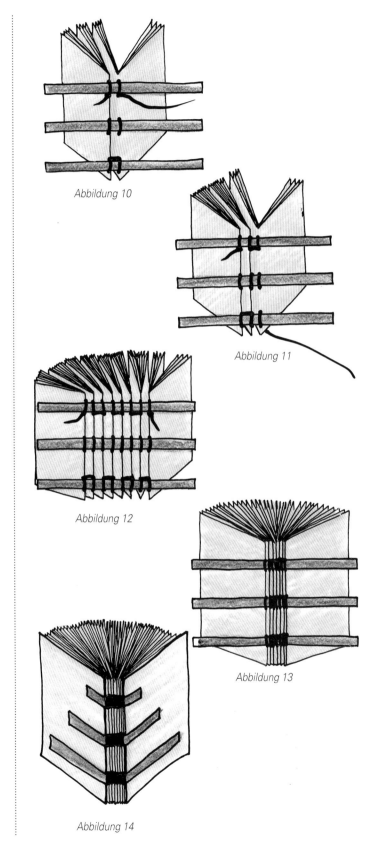

Abbildung 10

Abbildung 11

Abbildung 12

Abbildung 13

Abbildung 14

AUS DEM FESTEN BUCHRÜCKEN HERAUSTRETENDE BÄNDER

Bänder können auch bei einem Buch mit festem Buchrücken verwendet werden. Anstatt die Bänder auf die Aussenseite der Einbanddeckel zu kleben, wie beschrieben, führt man sie zu beiden Seiten des Buchrückens – also bei den Gelenken zwischen dem Buchrücken und den Einbanddeckeln – nach aussen und verbindet sie zu dekorativen Schleifen oder Knoten.

Nähen Sie die Lagen zusammen, wie im Projekt beschrieben. Messen Sie den Rücken, um die Breite des festen Buchrückens zu bestimmen.

Schneiden Sie die beiden Einbanddeckel und den Rücken. Legen Sie sie auf das Überzugspapier, mit einer 3 mm breiten Lücke auf beiden Seiten des Rückens (Abb. 15).

Kleben Sie das Überzugspapier auf die übliche Weise auf die Einbandteile. Dann schneiden Sie ein einzelnes Vorsatzblatt, das Sie vollständig auf die Innenseite des Einbandes kleben (Abb. 16).

Machen Sie vorsichtig schlitzförmige Einschnitte in das Überzugspapier zu beiden Seiten des festen Buchrückens, genau an den Stellen, wo die Bänder liegen, und in der Länge, die der Breite der Bänder entspricht. Ziehen Sie die Bänder durch diese Schlitze (Abb. 17) und verknüpfen Sie sie auf der Aussenseite (Abb. 18).

Tagebuch, anonymes Buch aus Japan.
Sammlung Dolores Guffey.

Tagebücher ohne Titel, Dolores Guffey.

56

Modelle, stehend: Shereen LaPlantz; offen: Dorothy Swendeman.

Wohin mit den Enden der verknüpften Bänder? Man kann zum Beispiel die Enden unter die Knoten schieben und eine Troddel daraus machen. Dolores Guffey brachte bei ihrem rostfarbigen Tagebuch einen dekorativen Zopf aus Häkelgarn über die Bänder an. Beim blauen Tagebuch verband sie die losen Enden mit einem recht komplizierten Knotenmuster. Dorothy Swendeman führte die Enden der Bänder wieder auf die Innenseite des Tagebuches, um sie dort zu verflechten.

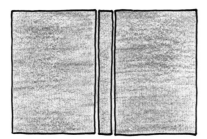

Abbildung 15

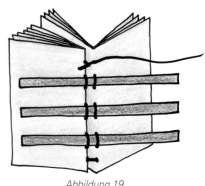

Abbildung 19

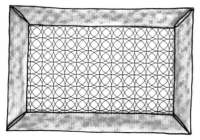

Abbildung 16

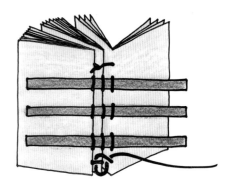

Abbildung 20

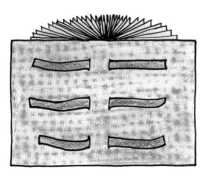

Abbildung 17

Abbildung 21

Abbildung 22

Abbildung 18

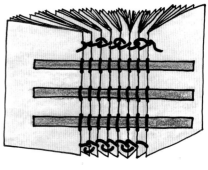

Abbildung 23

The Obi Book, Dorothy Swendeman.

FITZBÜNDE

Nach der Tradition wird in jede Lage ganz oben und ganz unten je ein zusätzliches Loch gestanzt. Wenn man über die Bänder näht, werden die Lagen an diesen Stellen mit Fitzbünden fester miteinander verbunden.

Bereiten Sie alles so vor wie beim Projekt, aber stanzen Sie diese zusätzlichen Löcher. Nähen Sie in das erste Loch hinein, machen Sie einen laufenden Stich an der ersten Lage nach unten. Nähen Sie beim untersten Loch der ersten Lage hinaus und beim untersten Loch der nächsten Lage hinein. Nun in der zweiten Lage hinauf, beim obersten Loch hinaus, dort den Zwirn mit dem bei der ersten Lage herausragenden Ende (Abb. 19) verknüpfen. Jetzt nähen Sie oben in die dritte Lage hinein, dann hinunter.

Der Fitzbund beginnt am Fuss der dritten Lage. Der Zwirn wird durch den Stich, welcher die ersten beiden Lagen verbindet, hindurch geführt, dann unter sich selbst hindurch und zuletzt in das unterste Loch der vierten Lage hinein (Abb. 20 und 21). Nun nähen Sie an der vierten Lage hinauf und machen oben einen weiteren Fitzbund. Am Kopf der vierten Lage geht der Zwirn von unten her durch den benachbarten Stich hindurch, dann unter sich selbst hindurch und in die fünfte Lage hinein (Abb. 22).

Es geht in gleicher Weise weiter, bis alle Lagen zusammengenäht sind (Abb. 23).

ARBEIT MIT EINEM NÄHRAHMEN

Es ist recht schwierig, den Zwirn überall gleichmässig stark anzuspannen, während man mit vielen Lagen und Bändern hantiert. Der Nährahmen, ein traditionelles Gerät für schöne Buchbinderarbeiten, leistet hier gute Dienste. Ein grosses, flaches Brett bildet den Boden des Gerätes; an einer Seite ist der Rahmen befestigt (Abb. 24). Zum Nähen legt man die Lagen flach auf den Boden und heftet die Bänder mit Reissnägeln an den Rahmen.

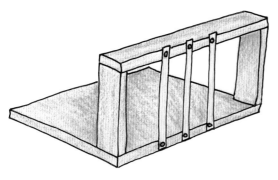

Abbildung 24

Abbildung 25

Abbildung 26

Abbildung 27

Abbildung 28

Wenn Sie nach der traditionellen Art arbeiten wollen, dann müssen Sie die Bänder auf der Innenseite der Einbanddeckel befestigen. Machen Sie einen normalen Einband, bestehend aus den beiden Einbanddeckeln und dem Rücken. Bekleben Sie die Einbandteile mit einem schönen Überzugspapier oder -gewebe; aber befestigen Sie die Vorsatzblätter noch nicht. Plazieren Sie den Textblock, kleben Sie die Bänder auf die Innenseite der Einbanddeckel; wenn die Bänder zu dick sind, machen Sie passende Furchen in die Deckel. Zuletzt kleben Sie die Vorsatzblätter über die Bänder.

Hinweis: Wenn der Textteil aus sehr schwerem Papier besteht, ist es selbst bei Verwendung eines Nährahmens recht schwierig, die Lagen eng genug zusammenzunähen. Sie erleichtern sich diese Arbeit, indem Sie über die Bänder und durch ein grobes Gewebe hindurchnähen. Heftgaze eignet sich für diesen Zweck und wird für viele traditionelle Buchbinderarbeiten verwendet. Man erhält sie in Spezialgeschäften für Buchbinderartikel. Buckram (Steifleinen), ein guter Ersatz, ist in Textilgeschäften erhältlich.

In der Regel lässt man zu beiden Seiten des Buchrückens etwa 25 mm dieses groben Gewebes herausragen, als Hilfsmittel, um den Textblock mit dem Einband zu verbinden. Dorothy Swendeman ging bei ihrem *Obi Book* so vor; das Gewebe ist aber hier von aussen sichtbar.

Wenn Sie mehr über traditionelle Methoden zur Herstellung besonders schöner Buchbinderarbeiten wissen möchten, finden Sie in der Bibliographie Hinweise auf die entsprechende Fachliteratur.

STICH-VARIANTEN

Französischer Stich

Der französiche Stich sieht sehr dekorativ aus und ist flexibel, vielleicht allzu flexibel. Sofern nicht ausdrücklich ein flexibler Buchrücken gewünscht wird, ist es ratsam, den französischen Stich am Kopf und am Fuss mit Fitzbünden zu verstärken, oder auch – wie bei *The Range of Predictability* von Bonnie Stahlecker – mit Bändern und Fitzbünden.

Bereiten Sie die Lagen in der üblichen Weise vor. Der französische Stich kann an sich für jede beliebige Anzahl Lagen angewendet werden, nach meiner Ansicht jedoch am besten für Gruppen von drei Lagen; er sieht dann besonders hübsch aus und ist nicht allzu dehnbar. Stanzen Sie eine gerade Anzahl Löcher in jede Lage, machen Sie in der ersten Lage einen laufenden Stich von unten nach oben (Abb. 25).

Verbinden Sie die zweite Lage mit der ersten, indem Sie in das oberste Loch hineinnähen. Nun machen Sie mit dem laufenden Stich einen Umweg und nähen unter dem benachbarten Stich hindurch (Abb. 26 und 27). Die Spannung am Zwirn gleicht sich fast von selber aus, bis der Stich die in Abb. 28 gezeigte Form hat. Wiederholen Sie dies über den ganzen Buchrücken hinunter (Abb. 29); binden Sie am Fuss die Enden ab.

The Range of Predictability (Der Bereich der Voraussagbaren),
Bonnie Stahlecker.

Abbildung 29

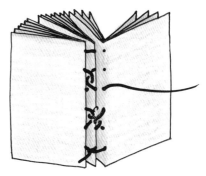

Abbildung 30

Nun verbinden Sie die dritte Lage am Fuss mit der zweiten und beginnen mit dem laufenden Stich nach oben. Machen Sie wieder den Umweg, nähen Sie unter dem benachbarten Stich hindurch (Abb. 30 und 31). Die Spannung gleicht sich wieder von selber aus, bis der Stich aussieht wie in Abb. 32 gezeigt. Wiederholen Sie dies von unten nach oben über den ganzen Buchrücken.

Bei der vierten Lage beginnt der Arbeitsablauf von vorn. Verbinden Sie die Lagen am Kopf, machen Sie einen laufenden Stich nach unten (Abb. 33). Dann geht es in gleicher Weise weiter.

Kettenstich

Die hier beschriebene Ausführung des Kettenstichs sieht fast so aus wie eine waagrecht über den Buchrücken gehäkelte Kette. Er sieht hübsch aus, gibt aber zusätzliche Arbeit und bringt kaum einen praktischen Vorteil. Deshalb wird man den Kettenstich vor allem dann anwenden, wenn er von aussen sichtbar sein soll. Damit der Stich richtig zur Geltung kommt, nehmen Sie am besten einen kräftigen Zwirn.

Bereiten Sie, genau gleich wie für das Projekt, einen vorderen und einen hinteren Einbanddeckel vor, mit den auf der Innenseite aufgeklebten Vorsatzblättern (Abb. 34).

Bereiten Sie eine beliebige Anzahl Lagen vor. Stanzen Sie Löcher in die Lagen; es kann eine gerade oder eine ungerade Anzahl

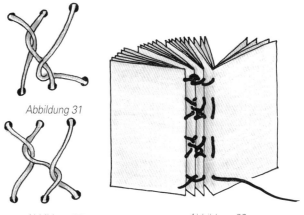

Abbildung 31

Abbildung 32

Abbildung 33

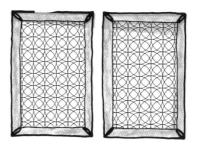

Abbildung 34

Abbildung 35

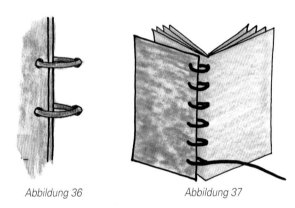

Abbildung 36   *Abbildung 37*

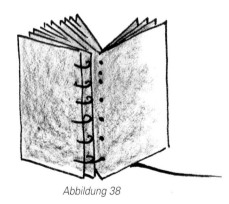

Abbildung 38

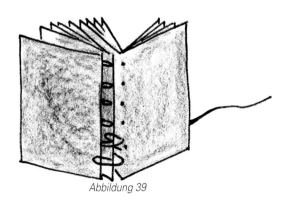

Abbildung 39

Löcher sein. Stanzen Sie die dazu passenden Löcher in die Einbanddeckel, im Abstand von etwa 6 mm vom Rand.

Beginnen Sie mit dem Nähen auf der Innenseite der ersten Lage. Nähen Sie aus dem obersten Loch hinaus, durch das oberste Loch des hinteren Deckels, wieder ins oberste Loch der Lage hinein (Abb. 35), binden Sie auf der Innenseite der Lage ab. Dann nähen Sie zum nächsten Loch hinunter.

Beim zweiten Loch wiederholen Sie den Vorgang (Abb. 36), dann weiter bis zuunterst (Abb. 37).

Beim untersten Loch nähen Sie nicht mehr in die erste Lage zurück, sondern in das unterste Loch der nächsten Lage hinein (Abb. 38).

Nähen Sie zum zweituntersten Loch der zweiten Lage hinauf. Hier führen Sie nun den Zwirn nicht mehr durch den Einbanddeckel, sondern unter dem benachbarten Stich der ersten Lage hindurch und zurück in die zweite Lage (Abb. 39).

Wiederholen Sie dies beim drittuntersten Loch (Abb. 40), dann weiter nach oben. Denken Sie daran, dass auch hier der letzte Stich nicht mehr in diese Lage zurück, sondern in die nächste Lage hineingeführt werden soll (Abb. 41).

Diesen Prozess wiederholen Sie mit den weiteren Lagen, bis nur noch eine übrigbleibt.

Die letzte Lage muss sowohl mit dem vorderen Einbanddeckel als mit den vorhergehenden Stichen verbunden werden. Nähen Sie unter dem unmittelbar vorhergehenden Stich hindurch, dann – das gehört immer noch zum gleichen Stich – von innen nach aussen durch das entsprechende Loch des vorderen Deckels, anschliessend in die letzte Lage hinein, und zwar so, dass der Zwirn unter sich selbst hindurch läuft (Abb. 42).

Fahren Sie weiter (sei es nach unten oder nach oben), binden Sie den letzten Stich auf der Innenseite der letzten Lage ab.

Langstich

In seiner einfachsten Form macht dieser Stich eine Reihe langer, paralleler Linien über den Buchrücken hinunter. Der Zwirn ist aussen am Buchrücken sichtbar. Man kann daraus verschiedene Muster bilden, zum Beispiel durch Binden, Weben oder andere Techniken.

Man näht durch den Buchrücken und durch die Lagen hindurch. Durch die vielen Löcher werden sowohl die Lagen wie der Buchrücken geschwächt. Wenn man anstatt einzelner Löcher einen waagrechten Schlitz macht, können die Stiche hin und her wandern, weil sie nicht richtig festgehalten werden.

Wenn Sie diesen Stich anwenden wollen, müssen Sie daher für den Einband besonders widerstandsfähiges Material wählen. Ich verwende am liebsten Buckram, mit einem Einbandgewebe überzogen. Buckram ist ein steifes Gewebe. Es können mehrere Schichten miteinander verleimt werden; dadurch entsteht eine mit Passepartout-Karton vergleichbare Platte.

Um das Einbandgewebe auf die Buckram-Platte zu kleben, werden beide stark befeuchtet. Wenn Sie eine solche Platte mit

Gewebe überziehen wollen, so ziehen Sie das Gewebe um die Kanten herum, solange beide noch im feuchten Zustand sind. Schneiden Sie das Gewebe in den Ecken nicht ab; es könnte sonst ausfransen. Machen Sie Universalecken (siehe Seite 37). Wenn Ihnen das Trocknen des Klebstoffs am Buckram und am Einbandgewebe zu lange dauert, so versuchen Sie ja nicht, mit einem heissen Bügeleisen direkt darüber zu fahren, um das Trocknen zu beschleunigen; das Bügeleisen bekommt sonst eine dicke Leimschicht. Legen Sie statt dessen einen Bogen Wachspapier auf den feuchten Einbanddeckel und bügeln Sie behutsam darüber.

Ich gebe diese ausführlichen Informationen über Buckram, weil sich ein Einband aus Buckram und Einbandgewebe für den Langstich vorzüglich eignet. Wo der Stich genäht wurde, da bleibt er auch. Im Gewebe verschieben sich die Stiche nicht, und Gewebe zerreisst auch viel weniger als ein durch eine Reihe von Löchern geschwächtes Papier.

Machen Sie zuerst die Lagen, dann die Buckram-Platten mit dem Einbandgewebe überzogen.

Messen Sie den Buchrücken. Machen Sie mit Hilfe einer Ahle eine gerade Anzahl Löcher durch die mit Gewebe überzogene Buck-

FOTO: EVAN BRACKEN

Modell, Shereen LaPlantz.

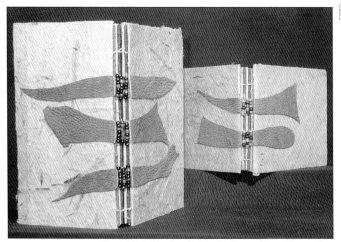

Ohne Titel, Denise DeMarie, Grass Roots Paper Co.

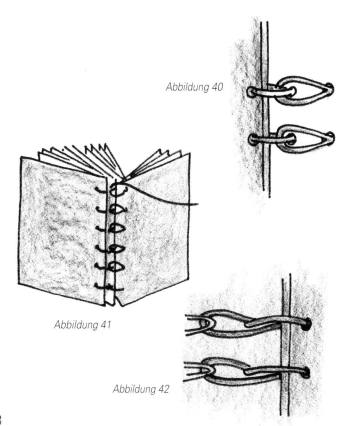

Abbildung 40

Abbildung 41

Abbildung 42

ram-Platte, und zwar für jede Lage eine Reihe von Löchern (Abb. 43). Man kann zwar auch direkt durch das Gewebe hindurch nähen; aber wenn die Löcher zum voraus gestochen wurden, erhält man geradere Linien.

Nun wählen Sie einen hübschen Zwirn oder ein Band, nähen einen laufenden Stich durch das Einbandgewebe und durch die erste Lage. Sie beginnen beim untersten Loch, nähen von aussen her hinein (Abb. 44), dann hinauf. Fügen Sie die zweite Lage bei. Ver-

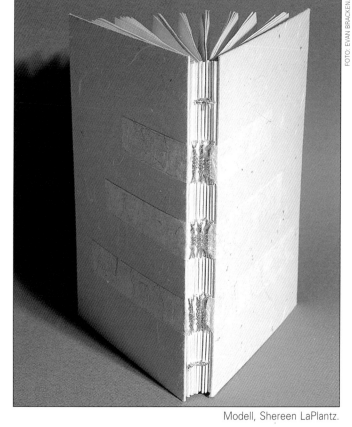

Modell, Shereen LaPlantz.

In the Beginning (Am Anfang), Elsi Vassdal Ellis, EVE Press.

Tagebuch, Robin Renshaw.

Tagebücher, Elaine S. Benjamin.

binden Sie diese mit der ersten, indem Sie wieder durch das Einbandgewebe in das oberste Loch hineinnähen (Abb. 45 und 46). Anstelle des abgebildeten Stiches könnte man am Kopf und am Fuss ebensogut je einen Fitzbund machen.

Fügen Sie die weiteren Lagen bei, bilden Sie immer einen laufenden Stich durch die Lagen und durch den Einband, bis das Buch komplett ist. Binden Sie den Zwirn am Fuss ab (Abb. 47).

Hinweis: Während Sie neue Lagen hinzufügen, sollten Sie immer wieder prüfen, ob die Breite des Buchrückens stimmt. Wenn sich die Lagen nicht so wie vorgesehen zusammenfügen lassen, kann sich das auf die Breite des Rückens auswirken. Und da der Einband schon fertig ist, darf die Breite des Rückens nicht oder nur ganz geringfügig von der geplanten Breite abweichen; sonst liegen nachher die Einbanddeckel nicht richtig. Wenn nötig, ist es besser, je nachdem eine Lage wegzulassen oder eine weitere beizufügen.

Umwundener Langstich

Eine einfache Variante des Langstiches besteht darin, ihn während des Nähens zu umwinden. Bereiten Sie den Einbanddeckel in glei-

cher Weise vor wie für den oben beschriebenen Langstich. Die Anzahl Lagen soll durch 3 teilbar sein.

Nähen Sie die ersten beiden Lagen so ein wie vorhin beschrieben. Dann machen Sie beim Einnähen der dritten Lage einen Umweg, indem Sie bei erster Gelegenheit unter den beiden schon vorhandenen Langstichen hindurch nähen (Abb. 48). Umwinden Sie diese beiden Stiche weiter, bis sie völlig eingewickelt sind (Abb. 49 – 52). Dann nähen Sie zum nächsthöheren Loch hinauf und wiederholen dies bis oben (Abb. 53 und 54).

Fahren Sie so weiter, immer mit Gruppen von drei Lagen, bis das Buch fertig ist.

Andere umwundene Stiche

Eine andere Variante besteht darin, die Stiche vollständig zu umwinden, so dass sie eine lange Kordel bilden. Irgendein langer, von aussen sichtbarer Stich kann auf diese Weise umwunden werden. Elaine Benjamin verwendete für zwei ihrer Tagebücher ein exotisches Augenwimperngarn zum Einwickeln der Stiche (Langstiche beim einen, Heftstiche beim andern).

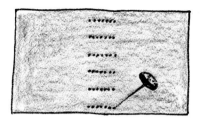

Abbildung 43

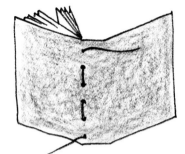

Abbildung 44

Abbildung 45

Abbildung 46

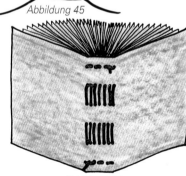

Abbildung 47

Abbildung 48

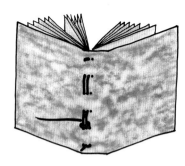

Abbildung 49

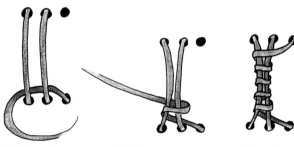

Abbildung 50   *Abbildung 51*   *Abbildung 52*

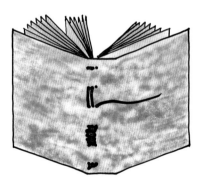

Abbildung 53

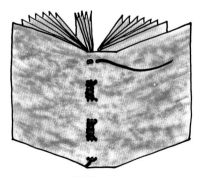

Abbildung 54

Muster von Stichen, Dorothy Swendeman.

Doppelte Langstiche

Dieses Verfahren eignet sich, um eine zusätzliche Lage einzubinden oder um rasch ein Modell anzufertigen. Machen Sie einen Langstich von unten nach oben am Rücken, dann einen zweiten von oben nach unten. Sie haben dann einen sehr soliden doppelten Stich. Das Ergebnis kann sehr hübsch aussehen, wie das Tagebuch von Robin Renshaw zeigt.

Andere Möglichkeiten

Es gibt Hunderte von verschiedenen Stichen, die sich für Buchbinderarbeiten eignen. Wenn Sie mehr darüber wissen möchten, so sehen Sie sich ein paar Bücher über Stickerei an, suchen Sie nach neuen Ideen, improvisieren Sie. Viele der für Stickereiarbeiten verwendeten Stiche eignen sich genausogut für die Buchbinderei.

Mit der Nähmaschine lassen sich viele Buchbinderarbeiten rasch ausführen. Für viele der in diesem Buch gezeigten Modelle wurde eine Nähmaschine benutzt. Sie können die Maschine zum Beispiel verwenden, um eine neue Idee rasch auszuprobieren oder um schnell eine grössere Anzahl Geschenkkarten oder Hefte herzustellen.

Muster von Stichen, Shereen LaPlantz.

BLOCKBÜCHER

Die japanischen Blockbücher haben eine jahrhundertealte Tradition. In der herkömmlichen Form werden die Textseiten aus dünnem Japanpapier hergestellt. Jedes Blatt wird nur einseitig bedruckt. Die Blätter werden in der Mitte so gefalzt, dass der Falz an der Vorderkante liegt. Dadurch werden einerseits die Blätter stabiler, und andererseits wird verhindert, dass die Tusche oder Druckfarbe auf der Rückseite sichtbar wird. Die Einbanddeckel werden am Buchrücken mit dekorativen Stichen mit dem Textblock verbunden. Das Prinzip dieses Verfahrens besteht darin, dass man bei jeder Gelegenheit um die Kanten des Einbandes herum näht, nicht nur am Buchrücken, sondern auch an Kopf und Fuss. Um das vom Zwirn auf der Vorder- und auf der Rückseite des Einbandes gebildete Muster zu vervollständigen, muss man zweimal oder auch noch öfter durch jedes Loch nähen. Man beginnt mit dem Nähen vorzugsweise an einer Stelle, wo der Knoten möglichst wenig auffällt.

Buddha's Bowl (Buddhas Schale), Alisa Golden, Never Mind the Press.

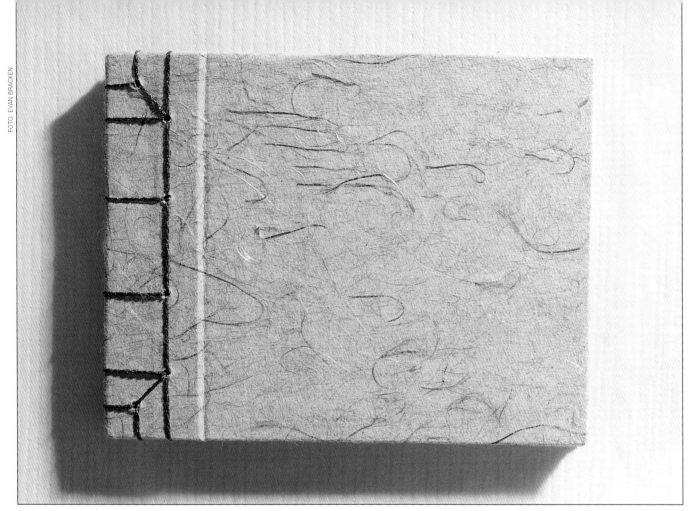

Projektmodell, Shereen LaPlantz.

PROJEKT

Dies ist ein Buch im traditionellen japanischen Stil. Es verwendet ein einfaches Stichmuster, das zu verschiedenen Varianten führt. Entsprechend dem herkömmlichen Verfahren werden die Seiten an der Vorderkante gefalzt. Man kann einen flexiblen oder einen steifen Einband verwenden. In den Abbildungen wird ein steifer Einband gezeigt; es ist nicht schwer, diesen durch einen flexiblen zu ersetzen.

Materialien

Textteil: 30 Blatt irgendeines gebräuchlichen Fotokopier-, Computerdrucker- oder Schreibmaschinenpapiers, im doppelten Format des fertigen Textteils

Vorsatzblätter: 2 Bogen eines dekorativen (zum Beispiel marmorierten) Papiers, zugeschnitten wie unten angegeben

Einbanddeckel: 3 Abschnitte einer nicht allzu schweren Pappe, zum Beispiel Museumskarton, zugeschnitten wie unten angegeben

Überzugspapier: 2 Bogen eines geeigneten Papiers, beispielsweise einfaches Japanpapier oder leichtes Zeichenpapier, zugeschnitten wie unten angegeben

Zwirn: 1,2 m eines sehr starken Zwirns oder Bandes, zum Beispiel metallisierter Nähfaden oder gewachster Leinenzwirn

Kleister

Abfallpapier für die Klebearbeit

Wachspapier

Werkzeuge

2 Klammern oder Zwingen

Stumpfe Nadel mit grossem Öhr

Ahle oder ähnliches Werkzeug oder Bohrmaschine (siehe Seite 16)

Bleistift

Lineal

Buchpresse oder grossformatiges Gewicht, zum Beispiel schwere Bücher

Arbeitsablauf

1. Falzen Sie die Bogen des Textteils in der Mitte (Abb. 1). Der Falz liegt an der Vorderkante. Hier sind die Seiten breiter als hoch (Querformat).

69

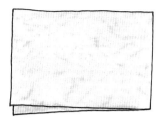

Abbildung 1

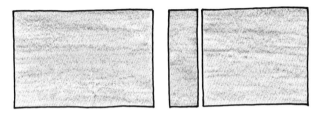

Abbildung 2

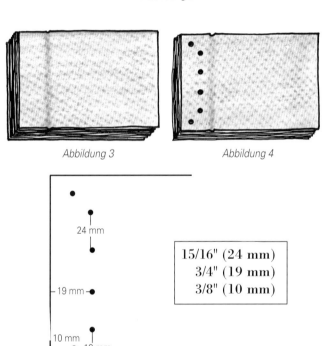

Abbildung 3   *Abbildung 4*

| 15/16" (24 mm) |
| 3/4" (19 mm) |
| 3/8" (10 mm) |

Abbildung 5

Abbildung 6   *Abbildung 7*

2. Der hintere Einbanddeckel besteht aus einem Stück im Format der Textseiten. Der vordere Einbanddeckel wird dagegen mit einem Scharnier versehen, damit das Buch geöffnet werden kann. Für den vorderen Deckel müssen Sie daher zwei Teile schneiden, beide in der gleichen Höhe wie der hintere Deckel. Der Scharnierteil ist 25 mm breit, der Hauptteil des vorderen Deckels ist jedoch 28 mm schmaler als der hintere Deckel, weil ein Abstand von 3 mm für das Scharnier berücksichtigt werden muss (Abb. 2). Beim Blockbuch macht man den Einband manchmal im gleichen Format wie den Textteil; das vereinfacht das Bohren der Löcher.

3. Schneiden Sie 2 Bogen Überzugspapier zu, jedes 50 mm höher und 50 mm breiter als der hintere Einbanddeckel. Dann schneiden Sie die Vorsatzblätter so zu, dass sie 13 mm niedriger und 13 mm schmaler sind als der hintere Einbanddeckel.

4. Kleben Sie die beiden Teile des vorderen Einbanddeckels auf den einen Bogen Überzugspapier, mit einer 3 mm breiten Lücke. Wenn das Buch für häufigen Gebrauch vorgesehen ist, ist es empfehlenswert, das Scharnier zu verstärken, zum Beispiel mit einem Leinenstreifen oder einem Buchbinderklebestreifen, bevor das Überzugspapier aufgeklebt wird. Schneiden Sie diesen Streifen in der vollen Länge des Scharniers und legen Sie ihn auf der Vorderseite über die Lücke; denn die Vorderseite wird am stärksten beansprucht. Diese Leinen- und Buchbinderklebestreifen sind in Spezialgeschäften für Buchbindereiartikel und Farbwaren erhältlich.

5. Vervollständigen Sie die beiden Einbanddeckel in der üblichen Weise. Wenn die Vorsatzblätter aufgeklebt sind, wickeln Sie die Deckel in Wachspapier ein und legen sie zum Trocknen in Ihre Buchpresse oder unter ein beschwertes Brett.

6. Stapeln Sie die Lagen des Textteils aufeinander, legen Sie sie zwischen die beiden Einbanddeckel (Abb. 3). Klemmen Sie diesen Stoss mit zwei Zwingen oder Klammern zusammen. Damit die Einbanddeckel nicht beschädigt werden, legen Sie ein paar zusammengefaltete Papierhandtücher zwischen Einband und Zwinge.

7. Markieren Sie die Stellen für die Löcher (Abb. 4 und 5). Dann bohren Sie die Löcher mit Bohrmaschine, Ahle oder Locheisen durch den ganzen Stoss hindurch.

8. Beginnen Sie mit dem Nähen beim dritten Loch von oben. Sie nähen von hinten nach vorn und lassen das Ende des Zwirns hinten lose liegen (Abb. 6), dann um den Rücken herum und durch das gleiche Loch wieder nach vorne (Abb. 7). Die Nadel ist jetzt auf der Vorderseite.

9. Nähen Sie von vorne ins vierte Loch hinein (Abb. 8), dann wieder um den Rücken herum und durch das gleiche Loch nach hinten (Abb. 9). Jetzt ist die Nadel hinten.

10. Wiederholen Sie die vorhergehenden Schritte beim fünften Loch (Abb. 10 und 11). Nun nähen Sie in das unterste Loch hinein (Abb. 12), um den Rücken herum und wieder durch dieses Loch hindurch (Abb. 13).

11. Nähen Sie um den Fuss herum und nochmals in das gleiche Loch hinein (Abb. 14).

12. Nun von hinten durch das fünfte Loch (Abb. 15), um den Fuss herum und nochmals von hinten durch das fünfte Loch (Abb. 16).

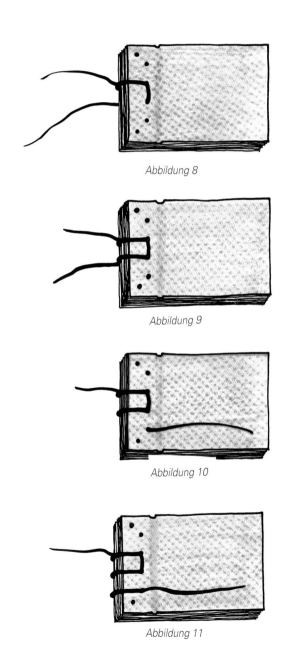

Abbildung 8

Abbildung 9

Abbildung 10

Abbildung 11

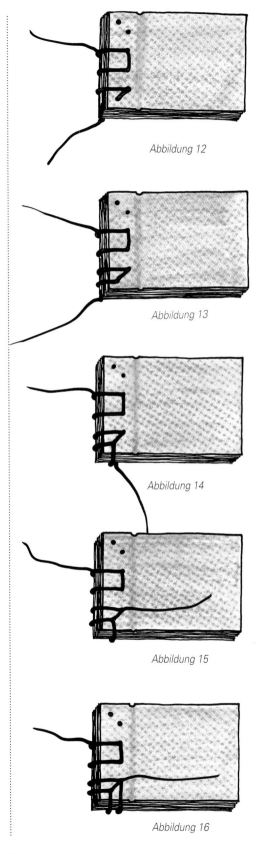

Abbildung 12

Abbildung 13

Abbildung 14

Abbildung 15

Abbildung 16

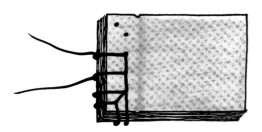

Abbildung 17

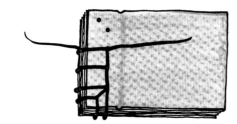

Abbildung 18

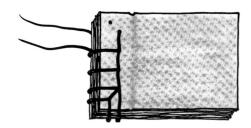

Abbildung 19

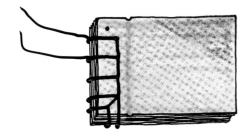

Abbildung 20

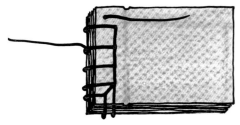

Abbildung 21

13. Nähen Sie in das vierte Loch hinein (Abb. 17). Weil hier aber schon vorher ein Stich um den Rücken herum gemacht wurde, machen Sie jetzt einen laufenden Stich zum dritten Loch hinauf (Abb. 18). Hier finden Sie die gleiche Situation, machen Sie also den laufenden Stich zum zweiten Loch hinauf (Abb. 19).

14. Beim zweiten Loch ist endlich der Rand noch frei. Nähen Sie wieder um den Rücken herum und nochmals in das gleiche Loch hinein (Abb. 20).

15. Jetzt von hinten in das oberste Loch hinein (Abb. 21), vollständig um den Rücken herum, nochmals in das gleiche Loch hinein (Abb. 22).

16. Erinnern Sie sich: Es geht darum, bei jeder Gelegenheit um die Kanten herum zu nähen. Also jetzt noch um den Kopf herum und wieder ins oberste Loch hinein (Abb. 23).

17. Nun in das zweite Loch hinein (Abb. 24), von da aus nochmals um den Kopf herum und wieder ins zweite Loch (Abb. 25). Das ist der letzte Stich. Binden Sie die beiden Enden des Zwirns zusammen und schneiden Sie den Überschuss weg. Rein zur Information sei noch erwähnt, dass beim herkömmlichen Blockbuch der Knoten nicht aussen am Einbanddeckel, sondern im Innern einer Lage des Textteils gebildet wird, wo er nicht auffällt.

Durch die Gestaltung, also durch Stiländerungen, lässt sich das Aussehen eines Buches stark beeinflussen. Lin Westra hat mit dem gleichen Grundstich zwei grundverschiedene Bücher geschaffen, *Spirit Pouch* und *Metallic Whirl*. Bei *Four in Transport* von Alisa Golden stecken vier dünne Blockbücher in einer Schachtel mit «Rädern».

Four in Transport (Vier im Transport), Alisa Golden, Never Mind the Press.

Spirit Pouch (Geistertasche), Lin Westra.

Examiner's Ledger (Notizbuch des Prüfungsexperten), Lin Westra.

Metallic Whirl (Metallischer Wirbel), Lin Westra.

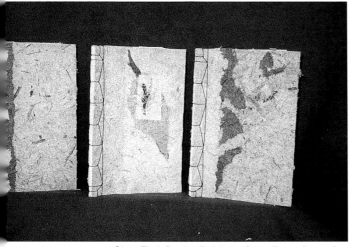

Ohne Titel, Denise DeMarie, Grass Roots Paper Co.

HANFBLATT-BINDUNG

Dieses Muster ist etwas komplizierter. Machen Sie den Textteil und die Einbanddeckel auf die gleiche Art wie für das Projekt. Markieren und bohren Sie die Löcher wie in Abb. 26 gezeigt.

Nähen Sie zunächst von hinten nach vorn durch das vierte Loch; dann um den Rücken herum und nochmals in dieses Loch (Abb. 27).

Nun gehen Sie den Rücken entlang nach unten und folgen dem gleichen Grundmuster wie im Projekt: In das nächste Loch hinein, um den Rücken herum, nochmals in das gleiche Loch (Abb. 28). Wiederholen, in das nächste Loch, um den Rücken herum (Abb. 29).

So fahren Sie weiter den Rücken entlang nach unten. Ganz unten nähen Sie sowohl vom untersten wie vom zweituntersten Loch um den Fuss herum. Nun wieder aufwärts. Nähen Sie der Reihe nach in jedes Loch hinein, und zwar auch dort, wo schon ein Stich um den Rücken herum gemacht wurde, bis auf Vorder- und Rückseite alle offenen Plätze besetzt sind (Abb. 30).

Auf einem einfachen Überzugpapier kommen diese Stiche am besten zur Geltung; trotzdem können ein paar schmückende Zugaben angebracht werden, ohne dass sie die Wirkung der Stiche beeinträchtigen. So verwendet Denise DeMarie ihr handgemachtes Papier in sehr effektvoller Weise als dekoratives Element, und Lin Westra hat zwei Bücher zusammen auf einen hinteren Einbanddeckel gebunden, mit einem Verschluss auf der Vorderseite (siehe Seite 73 oben rechts).

SCHILDPATT-STICH

Machen Sie die Einbanddeckel und den Textteil gleich wie für das Projekt. Markieren und bohren Sie die Löcher wie in Abb. 31 gezeigt.

Dieser Stich gibt ein etwas anderes Muster als die oben beschriebene Hanfblatt-Bindung. Die Löcher sind in Dreiergruppen angeordnet. Das mittlere Loch jeder Gruppe, also das am weitesten vom hinteren Rand entfernte, ist gleichsam der Angelpunkt der Gruppe. Von jedem dieser Angelpunkte aus nähen Sie zuerst zu den beiden zugehörigen Löchern der Gruppe und dann zum benachbarten Angelpunkt.

Sie nähen zuerst von hinten nach vorn durch ein Angelpunkt-Loch, dann um den Rücken herum und in das gleiche Loch hinein (Abb. 32). Nun in das erste der zugehörigen Löcher, wieder um den Rücken herum, in das gleiche zugehörige Loch, in das Angelpunkt-Loch (Abb. 33), in das zweite zugehörige Loch, um den Rücken herum, nochmals in das zweite zugehörige Loch (Abb. 34).

Gehen Sie zur nächsten Gruppe, nähen Sie dort wieder in das Angelpunkt-Loch und wiederholen die ganze Prozedur, bis das Buch fertig ist (Abb. 35).

Modelle, Shereen LaPlantz.

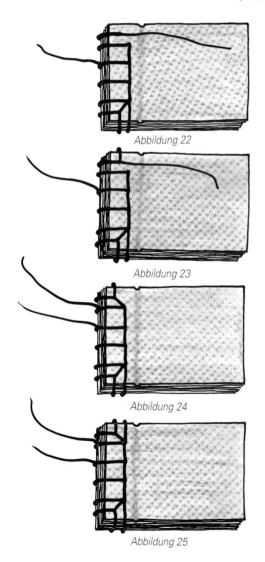

Abbildung 22

Abbildung 23

Abbildung 24

Abbildung 25

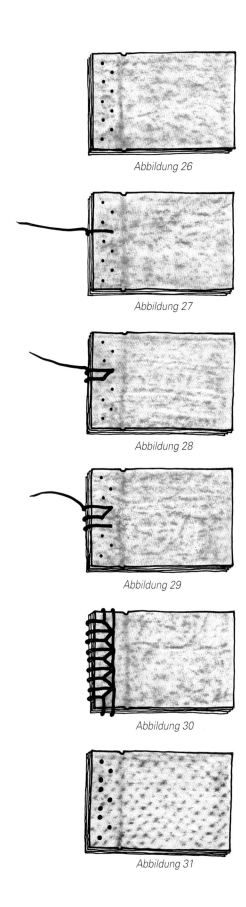

Abbildung 26

Abbildung 27

Abbildung 28

Abbildung 29

Abbildung 30

Abbildung 31

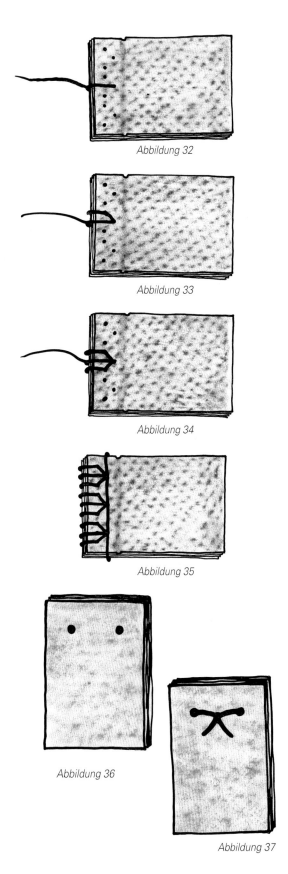

Abbildung 32

Abbildung 33

Abbildung 34

Abbildung 35

Abbildung 36

Abbildung 37

BROSCHUREN UND NOTIZBLOCKS MIT ZWEI LÖCHERN

Für solche Blocks und Broschuren eignet sich ein flexibles Einbandmaterial gut. Wählen Sie ein starkes Papier, zum Beispiel Aquarellpapier. Schneiden Sie zwei Bogen im gleichen Format wie den Textblock. Plazieren Sie den Textblock zwischen die beiden Deckel, bohren Sie die Löcher wie in Abb. 36 gezeigt. Die Löcher sollten symmetrisch plaziert sein; aber der Abstand von den Rändern ist unwichtig.

Bei der einfachsten Zwei-Loch-Bindung führt man den Zwirn durch beide Löcher und verknüpft die beiden Enden in der Mitte (Abb. 37). Um dem Block ein etwas dekorativeres Aussehen zu geben, kann man ein andersfarbiges Papier um den Rücken legen, der dadurch gleichzeitig verstärkt wird (Abb. 38).

Modelle, Shereen LaPlantz.

Modelle, Shereen LaPlantz.

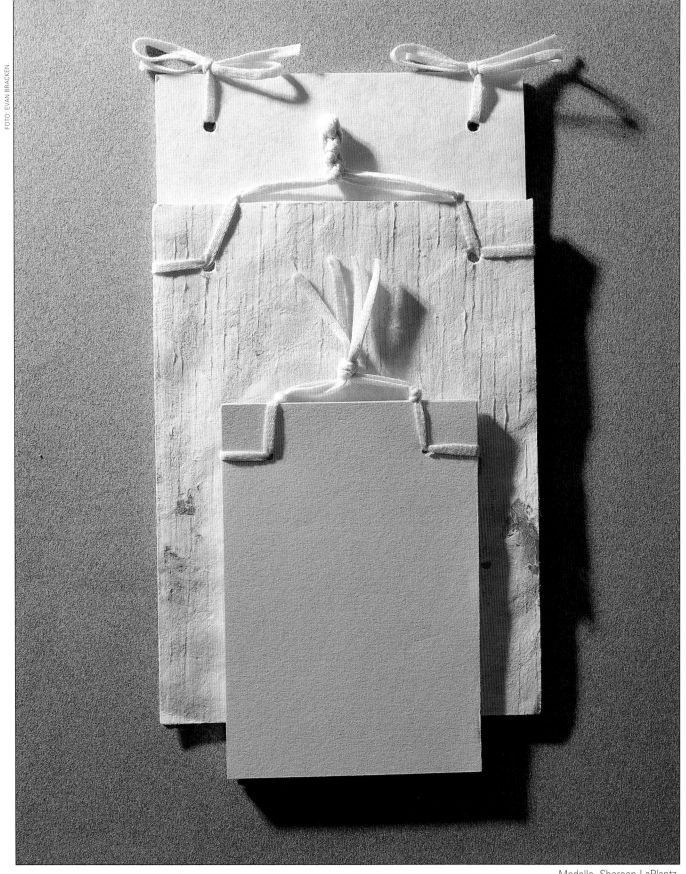

Modelle, Shereen LaPlantz.

Sie können auch von oben her nähen, die Enden genau am Rücken und dann nochmals etwas über dem Rücken verknüpfen (Abb. 39).

Eine weitere Möglichkeit: Den Zwirn unter dem Einband verbergen. Schneiden Sie einen langen Papierstreifen für den Einband. Die Länge beträgt: zweimal Länge des Textteils plus viermal Breite des Bereiches für die Näharbeit plus Breite des Rückens. Abb. 40 zeigt, wie der Einband gefalzt und mit dem Textblock verbunden wird.

Sie können den Einband auch dazu benutzen, einen etwas traditionellen Stich zu verbergen. Schneiden Sie zwei Einbanddeckel in der Breite des Textteils plus Breite des Nähbereichs zu. Markieren und bohren Sie die Löcher wie in Abb. 41 gezeigt. Hier ist eine Reihe Löcher (die linke senkrechte Reihe) direkt am Rücken gezeigt. Bohren Sie die Löcher so, dass sie gerade *ausserhalb* des Rückens liegen. Der Kürze halber werden diese nachstehend als «Rückenlöcher» bezeichnet, diejenigen der rechten senkrechten Reihe als «Vorderlöcher».

Beginnen Sie mit der Näharbeit wie bei jedem anderen Blockbuch, von hinten nach vorn, und zwar hier beim zweitobersten Vorderloch (Abb. 42). Nun betrachten Sie die Rückenlöcher als Buchrücken, nähen in das nächstliegende Rückenloch hinein und wieder in das zweitoberste Vorderloch (Abb. 43), anschliessend in das dritte Vorderloch, und so weiter, bis das Buch fertig ist (Abb. 44 und 45).

NICHT-JAPANISCHE BLOCKBÜCHER

Es gibt eine Menge verschiedener Anwendungen für Blockbücher. Sie kennen vielleicht schon viele der hierfür verwendeten Stiche, oder Sie finden geeignete Stiche in Büchern über Stickereiarbeiten und in Büchern, die sich speziell mit dieser Technik der Buchbinderei befassen.

Wenn Sie schnell eine Anzahl Glückwunsch- oder Grusskarten, ein paar Notizblocks anfertigen möchten, können Sie einen laufenden Stich oder einen doppelten laufenden Stich mit der Blockbuch-Technik verbinden. Fügen Sie eine traditionelle Ecke bei, dann fühlt sich das Resultat Ihrer Arbeit noch mehr wie ein japanisches Blockbuch an.

Peitschenstich

Dieser Stich eignet sich sehr gut für Blockbücher. Machen Sie einen Textblock und Einbanddeckel. Markieren und bohren Sie eine einzige Reihe von Löchern in gleichmässigem Abstand (Abb. 46). Nähen Sie von hinten nach vorne durch das oberste Loch, dann wiederholen Sie spiralartig nach unten (Abb. 47 – 49), binden die Enden ab und schneiden das Überschüssige weg.

Bei diesem Peitschenstich ist die Grenze zwischen Blockbuch und Spiralbindung verwischt. Wenn der Stich locker und mit einem ziemlich steifen Material ausgeführt wird, ist es schon eher eine Spiralbindung.

Abbildung 38   *Abbildung 39*

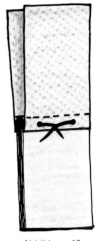

Abbildung 40

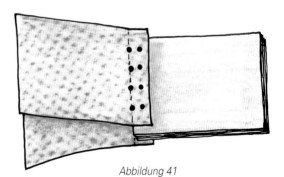

Abbildung 41

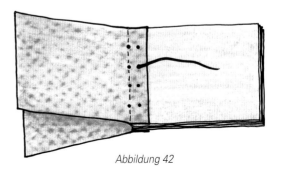

Abbildung 42

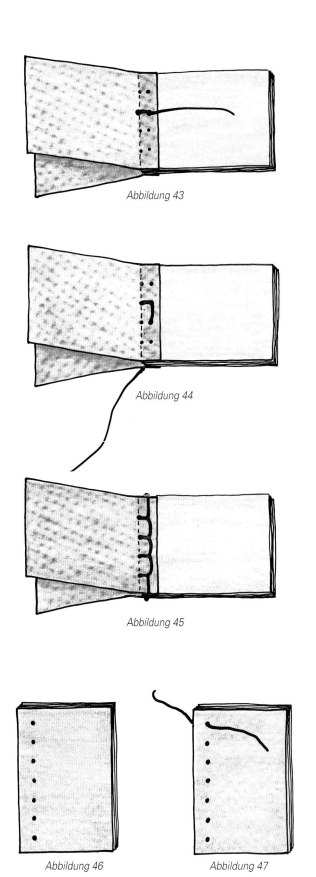

Abbildung 43

Abbildung 44

Abbildung 45

Abbildung 46

Abbildung 47

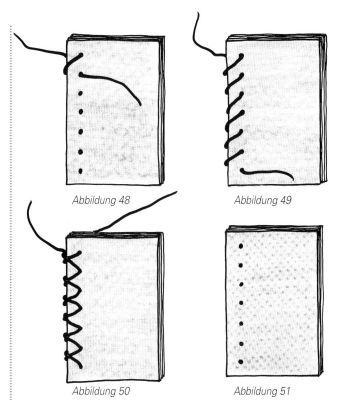

Abbildung 48

Abbildung 49

Abbildung 50

Abbildung 51

«Dankeschön»-Karte und zwei Modelle, Shereen LaPlantz.

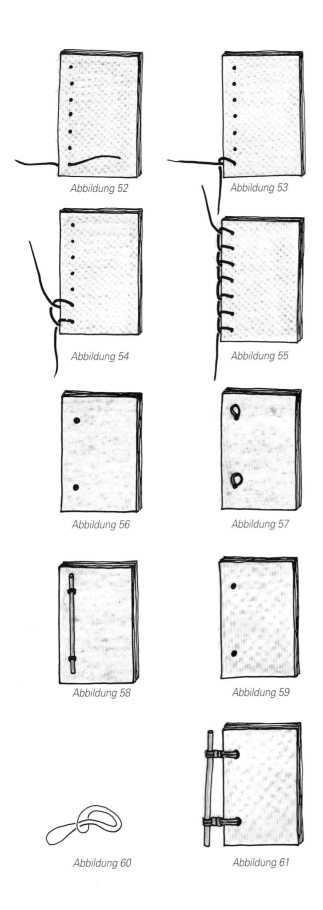

Abbildung 52

Abbildung 53

Abbildung 54

Abbildung 55

Abbildung 56

Abbildung 57

Abbildung 58

Abbildung 59

Abbildung 60

Abbildung 61

Der Peitschenstich kann verdoppelt werden, indem Sie einmal von oben nach unten und einmal umgekehrt nähen (Abb. 50), die Enden abbinden und das Überschüssige wegschneiden.

Lin Westra verwendete einen doppelten Peitschenstich in einem völlig unkonventionellen Werk, indem sie zwei Bücher auf einen einzigen hinteren Einbanddeckel setzte. Die Bücher sind in der Mitte gebunden und öffnen sich in entgegengesetzten Richtungen.

Hinweis: Robin Renshaw, die in einem Kindergarten unterrichtet, fand heraus, dass «überdimensionale» Pfeifenreiniger aus Draht sich sehr gut für solche und auch andere Arten von Blockbüchern eignen.

Knopflochstich

Dies ist ein anderer gut bekannter Stich, der sich für Blockbücher eignet. Machen Sie eine einzige Reihe Löcher durch Textteil und Einbanddeckel (Abb. 51), dann beginnen Sie je nach Wunsch am Fuss oder am Kopf mit Nähen. Im Gegensatz zu den anderen beschriebenen Stichen nähen Sie hier von vorne nach hinten (Abb. 52).

Ziehen Sie das hintere Ende des Zwirns gegen den Buchrücken und wickeln Sie es um den vorderen Teil des Zwirns herum (Abb. 53); jetzt hängt das hintere Ende nach unten. Nähen Sie, wieder von vorne nach hinten, in das nächste Loch hinein (in dieser Abbildung ist es das zweite von unten). Dann durch die soeben gemachte Schleife hindurch nähen (Abb. 54), Spannung am Zwirn ausgleichen, ins dritte Loch, und so fort bis zuoberst (Abb. 55). Sorgen Sie dafür, dass der Zwirn überall schön gleichmässig gespannt ist. Ein zu stark oder zu schwach oder unregelmässig gespannter Zwirn sieht hässlich aus.

Fotoalbum und Tagebuch, Barbara Heisler.

Bindungen mit Gummibändern

Bei einer andern Art Blockbuch werden Gummibänder durch die Löcher gezogen und mit einem Stab oder einem ähnlichen Gegenstand festgehalten.

Machen Sie einen Textblock und die Einbanddeckel. Der Deckel muss entweder biegsam sein oder mit einem Scharnier versehen werden; sonst ist der Zug auf das Gummiband zu gross, wenn das Buch geöffnet wird. Markieren und bohren Sie zwei Löcher, wie in Abb. 56 gezeigt.

Nun nehmen Sie ein einziges kräftiges ringförmiges Gummiband, ziehen nur gerade die beiden Enden (Schlaufen) durch die Löcher und lassen den Rest des Bandes auf der Rückseite liegen (Abb. 57). Halten Sie die Enden des Gummibandes mit irgendeinem Werkzeug – zum Beispiel einem Holzstab oder einer Stricknadel – fest (Abb. 58).

Bei einer anderen Art liegt der Stab am Rücken. Machen Sie zwei Löcher durch die Einbanddeckel und den Textblock (Abb. 59). Hier brauchen Sie zwei kleine ringförmige Gummibänder, schieben eines durch jedes Loch, bilden eine Schlaufe (Abb. 60) und schieben einen Stab durch die beiden Schlaufen (Abb. 61).

Planetary Philanderings (Planetarische Tändeleien), Lin Westra.

Double Indemnity (Doppelte Abfindung), Lin Westra.

VARIANTEN IN DER GESTALTUNG

Auch Blockbücher können auf mannigfache Art gefalzt werden, sei es in der Mitte der Seiten oder ziehharmonikaartig. Sie können die Bücher auf ungewöhnliche Art zuschneiden, mehrere Bücher aufeinander setzen, die Stiche variieren, neue Stiche erfinden und sogar mit den Stichen ganze Wörter bilden. Lassen Sie Ihrer Phantasie freien Lauf.

Gestaltungsmodelle, Shereen LaPlantz.

Two Sides to Every Story (Jede Geschichte hat zwei Seiten), Emily Martin.

The Neighborhood (Die Nachbarschaft), Emily Martin.

FALTBÜCHER

Von den verschiedenen Typen der Faltbücher sind diejenigen mit ziehharmonikaartiger Faltung am geläufigsten. Diese im Zickzack verlaufende Faltung wird auch Leporello-Faltung genannt. In diesem Kapitel werden ausser der Ziehharmonika-Faltung noch einige Varianten zum Falten einzelner Blätter in einfache oder kompliziertere labyrinthartige Formen beschrieben.

Wenn für eine einfache Ziehharmonika-Faltung ein genügend steifes Material verwendet wird, braucht man keine Einbanddeckel anzubringen. Nach dieser schlichten Methode hat Emily Martin die nebenan abgebildeten unterhaltsamen Bilderbücher *Two Sides to Every Story* und *The Neighborhood* gestaltet.

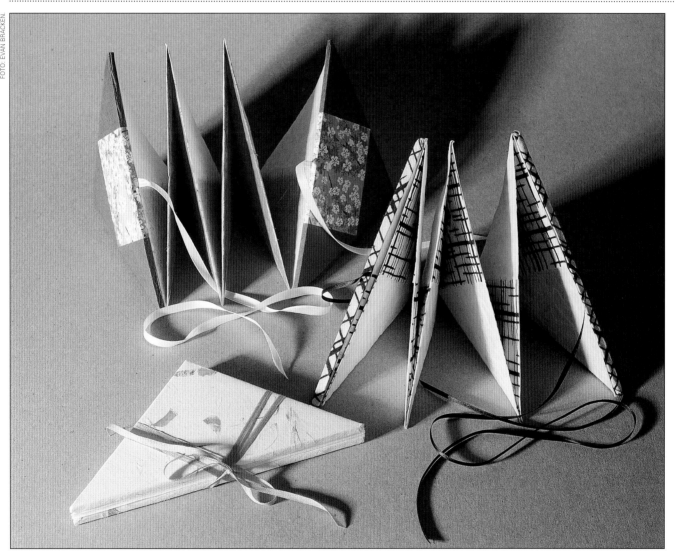

Projekt-Modelle, Shereen LaPlantz.

PROJEKT

Faltbücher können rechteckig sein oder irgendeine andere Form haben. Dreieckige Faltbücher sehen interessant aus; sie sind etwas Besonderes, und sie sind leicht herzustellen. Das Buch unseres Projektes hat ziehharmonikaartig gefaltete Seiten, einen

vorderen und einen hinteren Einbanddeckel. Weil der Textblock aus weichem Papier besteht, müssen die Einbanddeckel recht stabil sein, damit das Buch aufrecht stehen kann. Ein Hartschaumstoff eignet sich gut dafür; er ist recht dick, aber leicht im

Abbildung 1

Abbildung 2-6

Abbildung 7

Abbildung 8 *Abbildung 9*

Abbildung 10 *Abbildung 11*

Gewicht, und er ist grundverschieden von den üblicherweise für Einbanddeckel verwendeten Materialien. Ein Nachteil ist allerdings, dass dieses Material wenig widerstandsfähig ist. Wenn das Buch nicht ganz sorgfältig behandelt wird, gibt es bald einmal Beulen und Knicke.

Materialien

Textteil: Für Kalligraphie geeignetes Japanpapier, das in Rollen lieferbar ist, zugeschnitten wie unten angegeben

Vorsatzblätter: 1 Stück Fotokopier- oder Schreibmaschinenpapier, quadratisch zugeschnitten in der Höhe des Textteils

Einbanddeckel: 1 Stück Hartschaumstoff, im gleichen Format quadratisch zugeschnitten

Überzugspapier: 1 Stück eines dünnen handgemachten Papiers, quadratisch zugeschnitten mit einer um 75 mm grösseren Seitenlänge als der Einbanddeckel

Band: Kordel, Satinband oder gehäkeltes Baumwollband

Abfallpapier für die Klebearbeit

Kleister

Wachspapier

Werkzeuge

Bastlermesser

Lineal aus Metall

Falzbein

Buchpresse oder grossformatiges Gewicht, zum Beispiel schwere Bücher

Arbeitsablauf

1. Schneiden Sie das Kalligraphie-Papier so zu, dass es achtmal so lang wie breit ist. Für ein kleineres Buch können Sie es beispielsweise bloss der Länge nach halbieren. Exakte und sorgfältige Arbeit ist in jedem Fall wichtig. Wenn die Ränder nicht ganz gerade sind oder die Masse nicht genau stimmen, sieht das Faltbuch schon nach kurzer Zeit unordentlich aus.

2. Schneiden Sie mit dem Bastlermesser das Papier für die Vorsatzblätter, das Überzugspapier und die Hartschaumstoffplatte genau in der Diagonale entzwei, so dass je zwei gleich grosse Dreiecke entstehen.

3. Überziehen Sie die dreieckigen Hartschaumstoffplatten mit den Überzugspapieren (Abb. 1), nach den Angaben auf Seite 43 für nicht-rechtwinklige Ecken. Kleben Sie zwei Bänder ein (siehe Seite 42). Das eine soll lang genug zum Binden sein, das andere lang genug, um vor dem Binden zweimal um das fertige Buch gewickelt zu werden. Dann kleben Sie die Vorsatzblätter über die Bänder. Wickeln Sie die beiden Einband-

86

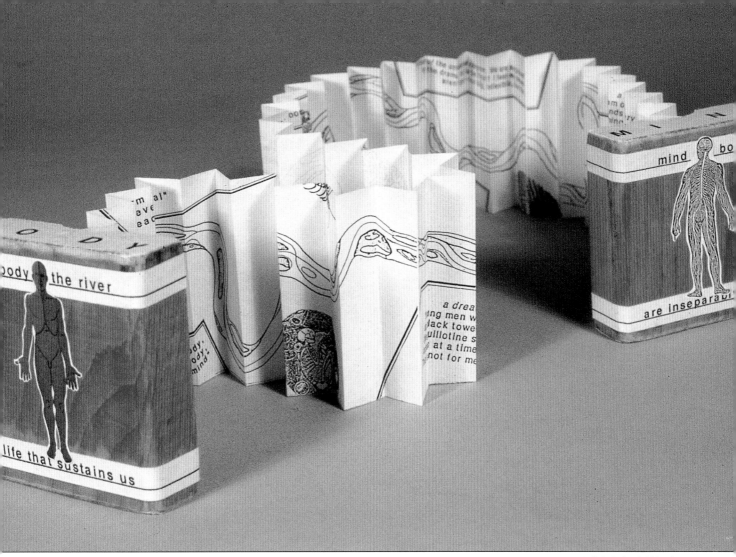

Bodymind (Körper und Geist), Genie Shenk.

deckel in Wachspapier ein und legen Sie sie zum Trocknen in Ihre Buchpresse oder unter ein beschwertes Brett.

4. Legen Sie den Streifen Textpapier waagrecht vor sich hin (Abb. 2). Nun halten Sie das linke Ende auf der Tischoberfläche fest und falzen den ganzen Rest des Streifens in einem rechten Winkel nach unten, so dass links oben ein Winkel von 45° entsteht (Abb. 3). Hier müssen Sie darauf achten, dass dieser Winkel genau stimmt und dass die Ränder links exakt aufeinander liegen.

Hinweis: In einem Faltbuch summieren sich kleine Ungenauigkeiten. Unsorgfältige Arbeit rächt sich, indem das fertige Buch hässliche Lücken aufweist.

5. Nun falzen Sie den Papierstreifen senkrecht nach oben (Abb. 4). Achten Sie wieder darauf, dass der Winkel (diesmal 90°) genau stimmt und dass die Ränder links aufeinander liegen.

6. Falzen Sie waagrecht nach links (Abb. 5). Jetzt gibt es wieder einen Winkel von 45°; aber diesmal müssen die Ränder unten genau stimmen.

7. Falzen Sie waagrecht nach rechts (Abb. 6), achten Sie auf den Winkel von 90° und auf den unteren Rand.

8. Fahren Sie so weiter, immer in der gleichen Reihenfolge – abwärts, aufwärts, links, rechts –, bis Sie fertig sind (Abb. 7). Kontrollieren Sie bei jedem Schritt, ob die Winkel und die Ränder noch stimmen. Wenn am Schluss etwas Papier übrigbleibt, schneiden Sie es ab, damit auch das letzte Dreieck stimmt.

9. Kleben Sie die erste und die letzte Seite innen auf die beiden Einbanddeckel (Abb. 8). Dann wickeln Sie das ganze Buch wieder in Wachspapier ein und legen es zum Trocknen in die Buchpresse oder unter das beschwerte Brett.

10. Das längere Band wird zuerst um die eine und dann um die andere der beiden kürzeren Dreiecksseiten gewickelt (Abb. 9 und 10) und dann mit dem kürzeren Band verbunden (Abb. 11).

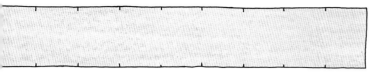

Abbildung 12

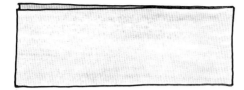

Abbildung 13

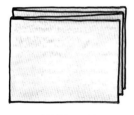 

Abbildung 14   *Abbildung 15*

Abbildung 16

VARIANTEN IN DER FORM

Gleichseitiges Dreieck (Winkel von 60°)

Wir können das Papier auch zu anderen als rechtwinkligen Dreiecken falzen. Wenn wir ein Faltbuch aus Dreiecken mit Winkeln von 60° – also gleichseitigen Dreiecken – bilden, erleben wir einige Überraschungen. Die Seiten lassen sich nicht alle in der gleichen Länge falzen, sondern es entsteht ein Muster «lang – kurz – kurz – lang». Und wenn wir dann das Buch in der Art eines Kodex binden, erhalten wir ein Buch mit Taschen, die teils oben und teils unten offen sind.

Rechteckiges Faltbuch

Der Ziehharmonika- Falz eignet sich auch für ein rechteckiges Buch. Am besten arbeitet man nach einem der beiden folgenden Verfahren. Bei der ersten Methode messen und markieren Sie alle Seiten sorgfältig (Abb. 12); dann falzen Sie das Papier. Auch hier ist es wichtig, dass die Kanten genau aufeinander liegen. Nötigenfalls verschieben Sie die Markierungsstriche ein wenig.

Bei der zweiten Methode falzen Sie den Papierstreifen mehrmals nacheinander in der Mitte, zuerst den ganzen Streifen (Abb. 13), dann jede Hälfte wieder in der Mitte, die Enden gegen die ursprüngliche Mitte zu (Abb. 14), jetzt jeden Abschnitt nochmals in der Mitte (Abb. 15). Wie Sie in dieser Abbildung sehen, liegt der ursprüngliche Falz nun verkehrt, muss also in der entgegengesetzten Richtung neu gemacht werden (Abb. 16). Wieder müssen Sie jedesmal darauf achten, dass die Kanten exakt aufeinander liegen. Fahren Sie auf diese Weise fort, bilden Sie Viertel-, Achtel- und Sechzehntelseiten, bis der Textteil die gewünschte Breite aufweist.

Diese einfache Grundform lässt sich auf mannigfache Art abwandeln. Lois James und Mary Ellen Long fügen einzelne Blätter mit Verbindungsstücken zu Faltbüchern zusammen. Edward H. Hutchins hat einige seiner Faltbücher in ungewöhnlichen Formen ausgestanzt und mit originellen Einbanddeckeln versehen.

Do Sit Down (Nehmen Sie Platz), Edward H. Hutchins.

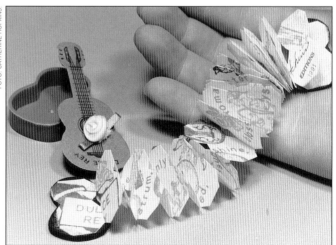

Dulce Rey, Edward H. Hutchins.

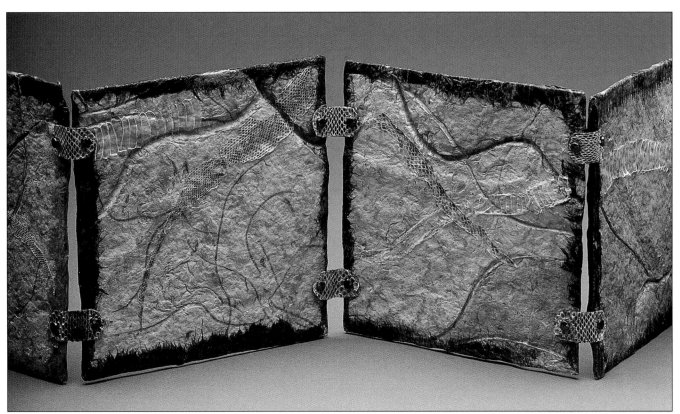

Snake Space (Schlangenraum), Lois James.

Crossing of the Aspen, Mary Ellen Long.

FLATTERBÜCHER

Der oben beschriebene rechteckige Textblock kann für ein Flatterbuch verwendet werden. Machen Sie einen normalen Einband, einschliesslich Buchrücken, und kleben Sie ein einziges Vorsatzblatt über die ganze Innenseite dieses Einbandes (Abb. 17).

Nun kleben Sie die erste und die letzte Seite des ziehharmonikaartig gefalzten Textteils innen auf die beiden Einbanddeckel. Wickeln Sie das Buch in Wachspapier ein und legen es zum Trocknen in die Buchpresse oder unter das beschwerte Brett.

Das fertige Buch sieht auf den ersten Blick aus wie ein normaler Kodex; nur sind die Seiten vorne gefalzt. Sobald man aber das Buch öffnet und nach vorne neigt, zeigt sich der wesentliche Unterschied: Der ganze Textblock flattert heraus (Abb. 18). Daher die Bezeichnung Flatterbuch.

DREI- ODER MEHRFACHE FALTBÜCHER

Ein solches Buch besteht aus drei (oder auch mehr) schmalen Faltbüchern. Wenn es drei sind, dann werden das erste und das dritte so befestigt, dass je der erste und der letzte Falz nach vorn gerichtet sind, das mittlere dagegen so, dass der erste und der letzte Falz nach hinten gerichtet sind. Dies gibt dem ganzen Buch recht viel «Dreidimensionalität» und Festigkeit.

FALTBÜCHER AUS EINEM BLATT (LABYRINTHE)

Diese Bücher beruhen ebenfalls auf dem Grundsatz des Faltens. Die Falten werden teilweise aufgeschnitten, so dass aus einem einzelnen Blatt ein Faltbuch wird. Durch die Schnitte entstehen ungewöhnliche, manchmal recht komplizierte oder gar labyrinthartige Gebilde. Dies ergibt Möglichkeiten für versteckte «Geschich-

ten in der Geschichte», Randbemerkungen und Abschweifungen. Wenn Sie ein solches Labyrinthbuch entwerfen, sehen Sie vielleicht noch nicht klar, welches Muster daraus schliesslich entstehen wird. Geduld! Machen Sie sich allmählich mit dem Rhythmus dieser Falten vertraut. Beginnen Sie mit den einfachen Typen, dann gehen Sie anhand der Abbildungen zu den komplizierteren über. Wenn Sie dann selber ein neues Modell ausarbeiten möchten, dann beginnen Sie im Zentrum und gehen von dort aus nach aussen. Vielleicht führen mehrere Wege zum gleichen Ergebnis. Egal, welchen Weg Sie wählen, wenn er zum Ziel führt, ist es der richtige.

Für Ihre ersten Versuche auf diesem Gebiet nehmen Sie einfach einen grossen Bogen Papier. Diese einfachen Faltbücher werden auch *Origami-Bücher* genannt.

Labyrinth mit einem einfachen Schnitt

Falten Sie einen Bogen Papier zuerst in der Längsrichtung in zwei Hälften, dann in der Querrichtung in vier gleiche Teile; öffnen Sie ihn wieder. Schneiden Sie die mittleren zwei Viertel-Falten in der Längsrichtung mit Ihrem Bastelmesser auf (Abb. 19, die ausgezogene Linie). Nun klemmen Sie die mittleren zwei Querfalten zu beiden Seiten des Einschnittes zusammen, ziehen sie behutsam auseinander und nach unten (Abb. 20). Dann bilden Sie die Zickzack-Falten, und das Buch ist fertig (Abb. 21). Wenn Sie wollen, können Sie noch einen Einband anbringen.

Variante zum einfachen Schnitt

Die Falten sind die gleichen wie für das soeben beschriebene Labyrinth: zwei Hälften in der Längsrichtung, vier Viertel in der Querrichtung. Machen Sie von der einen Schmalseite her einen Schnitt durch drei Viertel der Längsfalte (Abb. 22).

Klemmen Sie das nicht zerschnittene Viertel zusammen, machen Sie die Zickzack-Falten, und das Buch ist fertig (Abb. 23).

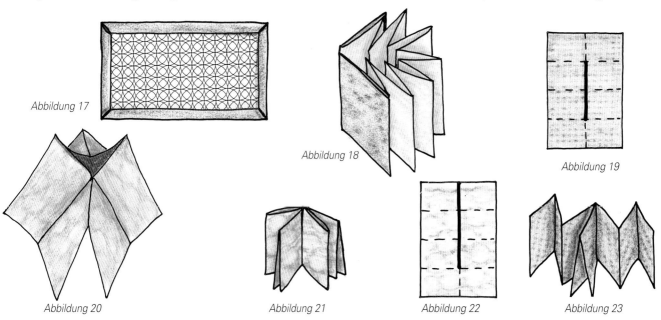

Abbildung 17

Abbildung 18

Abbildung 19

Abbildung 20

Abbildung 21

Abbildung 22

Abbildung 23

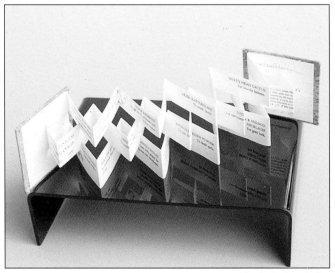

Modell, Shereen LaPlantz.

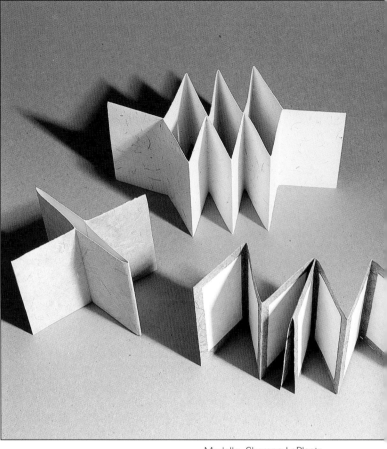

Modelle, Shereen LaPlantz.

Potions, Panaceas & Paraphernalia (Arzneitränke, Allheilmittel und alles Drum und Dran), Pat Baldwin, Pequeño Press.

Ohne Titel, Nancy McIntosh.

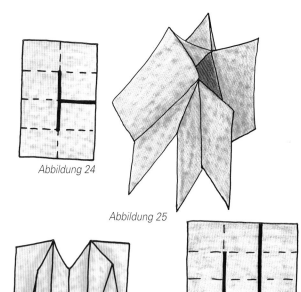

Abbildung 24

Abbildung 25

Abbildung 26

Abbildung 27

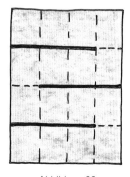

Abbildung 28

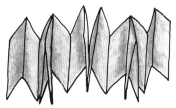

Abbildung 29

Abbildung 30

T-förmiger Schnitt

Falten Sie das Blatt wieder wie oben beschrieben. Jetzt machen Sie jedoch einen T-förmigen Schnitt, wie in Abb. 24 gezeigt.

Nun klemmen Sie die beiden Schmalseiten zusammen und ziehen sie nach unten, bilden Sie die Zickzack-Falten (Abb. 25). Das Buch enthält jetzt zwei zeltförmige Falten (Abb. 26). Solche Zelte gibt es immer dann, wenn das Papier in der Quer-anstatt in der Längsrichtung gefaltet wird.

Hinweis: Das Papier muss immer so geschnitten werden, dass jeder Abschnitt mit höchstens zwei benachbarten Abschnitten verbunden bleibt. Klemmen Sie nach jedem Schnitt das Papier zusammen und bilden dann gleich die Zickzack-Falten.

Mehrfache Schnitte

Für das nächste Muster falten Sie das Papier in der Längsrichtung in drei gleiche Streifen, in der Querrichtung wieder in vier Viertel. Schneiden Sie von den beiden Schmalseiten aus je drei Viertel durch (Abb. 27).

Klemmen Sie das Papier an den Enden der beiden Einschnitte zusammen, machen Sie die Zickzack-Falten (Abb. 28). Jetzt bekommen Sie ein nach oben und ein nach unten offenes Zelt. Das ist hier richtig.

Eine weitere Variante: Falten Sie das Papier in beiden Richtungen in je vier Viertel, machen Sie drei Einschnitte (Abb. 29). Klemmen Sie das Papier wieder an den Enden der Einschnitte zusammen und machen Sie die Falten dazwischen (Abb. 30).

Varianten zum T-förmigen Schnitt

Falten Sie das Papier in der Längsrichtung in drei, in der Querrichtung in sechs gleiche Abschnitte. Den oben beschriebenen einfachen T-Schnitt ergänzen Sie jetzt nach beiden Seiten, so dass ein widderhorn-ähnliches Muster entsteht (Abb. 31).

Klemmen Sie die beiden Abschnitte am Ende jedes der beiden Widderhörner zusammen, bilden Sie die Zickzack-Falten (Abb. 32). Wo in der Breite drei Abschnitte aneinanderstossen, bilden Sie ein N und ein umgekehrtes N.

Noch eine Variante: Falten Sie das Papier in beiden Richtungen in vier Viertel. Schneiden Sie ein unvollständiges Widderhorn-Muster oder ein E mit einem verlängerten mittleren Querbalken (Abb. 33).

Klemmen Sie wieder die Abschnitte an den Enden der Widderhörner zusammen, arbeiten Sie nach vorne und nach hinten, um die Falten zu bilden (Abb. 34). Jetzt entsteht in der Mitte ein M.

Schnitte in komplexen Mustern

Um eine noch komplexere Variante zu erhalten, falten Sie das Papier in der Längsrichtung in vier Viertel, in der Querrichtung in acht Achtel. Dann schneiden Sie ein noch grösseres Widderhorn-Muster (Abb. 35).

Wieder klemmen Sie die Abschnitte an beiden Enden der Hörner zusammen und machen die Falten. Egal wie gross und wie kom-

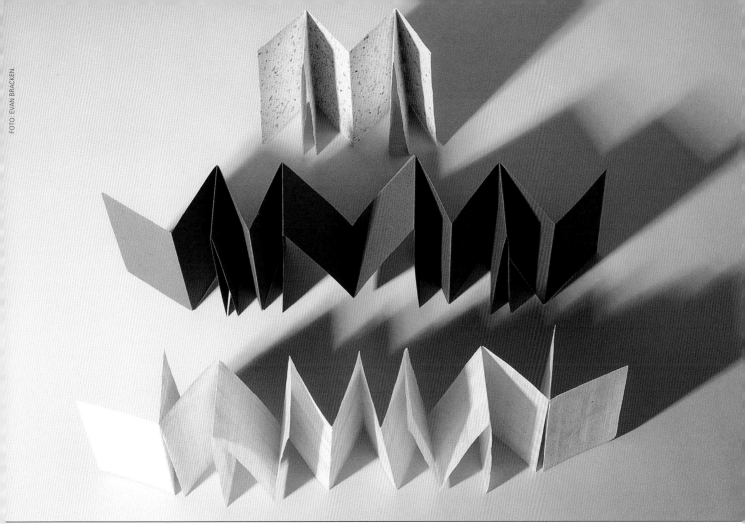

Modelle, Shereen LaPlantz.

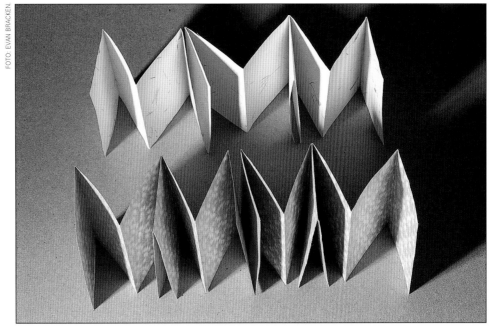

Modelle, Shereen LaPlantz.

pliziert die Figur ist, arbeiten Sie immer nach dem gleichen Grundsatz: Zusammenklemmen, falten, Schritt für Schritt um das ganze Buch herum.

Es gibt eine Vielzahl möglicher Schnitte. Bei einem Muster entsteht ein Buch mit Seitenkammern und versteckten Abteilen. Wieder falten Sie Ihr Papier in der Längsrichtung in Viertel, in der Querrichtung in Achtel, dann machen Sie die Schnitte gemäss Abb. 36.

Beginnen Sie mit dem Zusammenklemmen an den Enden eines der vereinfachten Widderhörner, vielleicht am besten nacheinander an den Enden aller drei Hörner. Dann machen Sie überall die Zickzack-Falten. Ab und zu versteckt sich ein Abschnitt in den Falten eines anderen. Betrachten Sie solche Stellen als geheime Gärten im Innern Ihres Labyrinthes, in denen Sie Abschweifungen von Ihrem Text unterbringen können.

Zum Schluss sei noch ein weiteres Labyrinth-Buch gezeigt, das ebenfalls von einem in der Längsrichtung in Viertel und in der Querrichtung in Achtel gefalteten Blatt Papier ausgeht. Die Schnitte sind in Abb. 37 dargestellt.

Die ersten zwei Knicke machen Sie ausserhalb der beiden kurzen seitlichen Schnitte; dann probieren Sie, ob Sie von da aus die Zickzack-Falten bilden können. Als Variante machen Sie die Knicke im Inneren, an jedem Ende der Schnitte, und machen dann die Falten. Bei diesem Muster bekommen Sie eine ganze Menge versteckte Winkel.

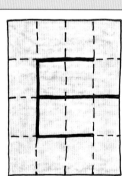

Abbildung 33

Abbildung 34

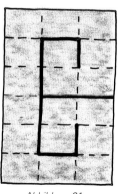

Abbildung 31

Abbildung 32

94

Modelle, Shereen LaPlantz.

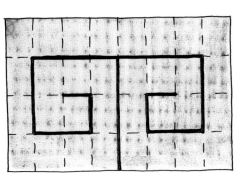

Abbildung 35

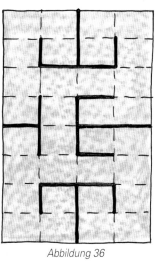

Abbildung 36

Abbildung 37

VARIANTEN IN DER GESTALTUNG

Es gibt jede Menge Varianten in der Gestaltung von Faltbüchern. Die Falten können unregelmässig sein, aufgeschnitten werden, sich in sich selber wieder falten. Man kann Falten aufeinanderkleben, in einer Schachtel verschwinden lassen, zu einer Kette, einem Ring, einer Locke oder einem Korkenzieher formen. Die Schnitte dürfen auch einmal diagonal ausgeführt werden, anstatt parallel oder im rechten Winkel zu den Rändern des Blattes. Sie können den Einband mit Scharnieren versehen. Und ausserdem sind Faltbücher die ersten Schritte in Richtung Pop-up-Buch.

Them Poems (Diese Gedichte), Pat Baldwin, Pequeño Press.

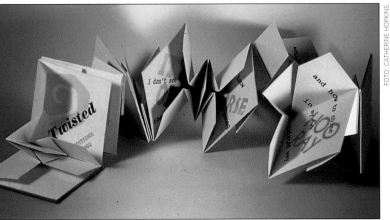

FOTO: CATHERINE HOPKINS.

Twisted (Verdreht), Edward H. Hutchins.

Oben und auf der folgenden Seite: *Book-in-a-Box (Buch in einer Schachtel)*, Nancy Callahan.

96

Rhythmic Notes on 7 Folds (Rhythmische Noten auf 7 Falten), Carol Barton.

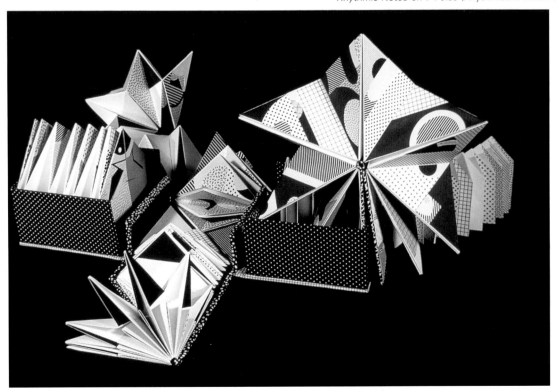

Noch eine Variante

Die sechs Fotos auf diesen zwei Seiten illustrieren noch eine weitere Variante, das Puzzle-Buch. Ein Bogen Papier wird geschnitten und nach innen zu einem Quadrat gefaltet. Beim Öffnen des Quadrats kommen immer neue und grössere Figuren zum Vorschein.

Fotos auf diesen beiden Seiten: *Life Is a Kaleidoscope (Das Leben ist ein Kaleidoskop)*, Dorothy Swendeman, A Weaver's Press.

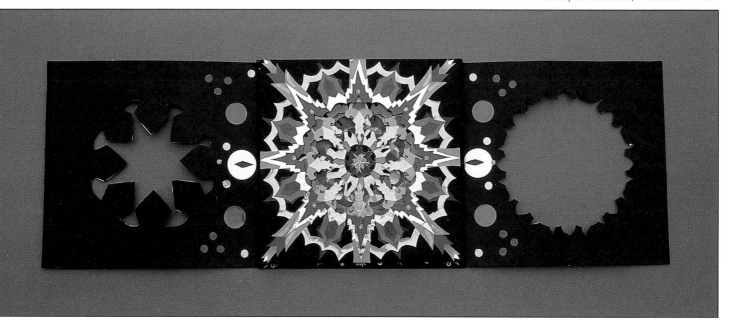

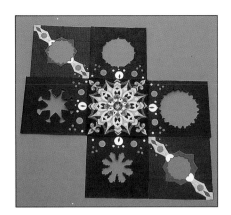
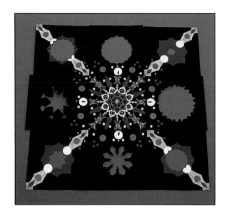

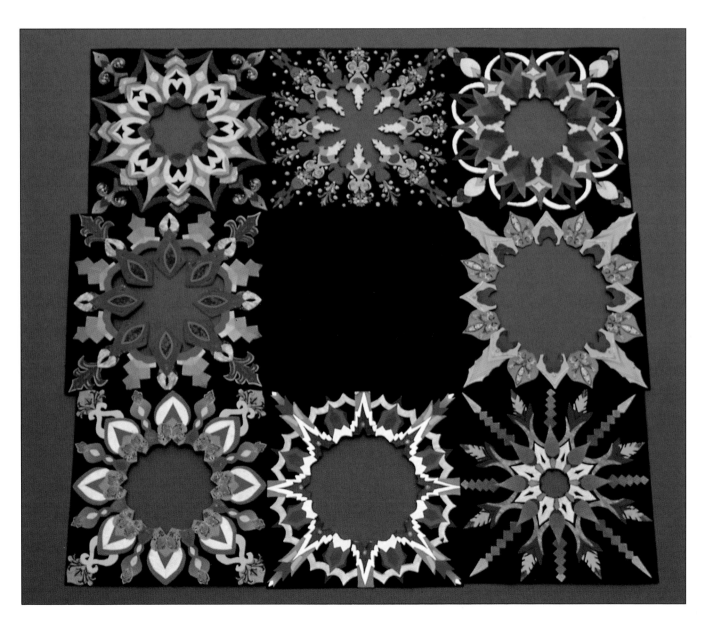

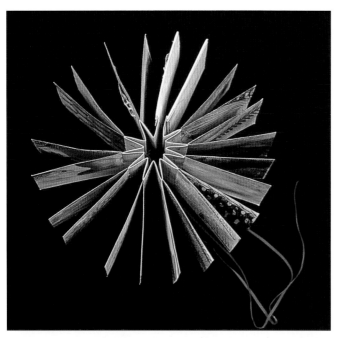

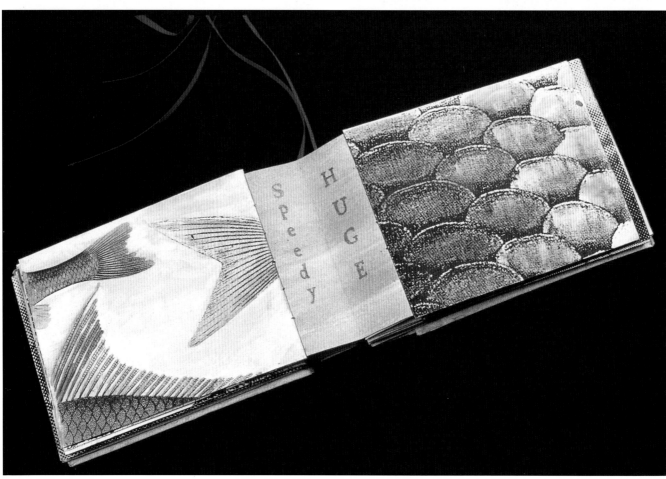

Fotos auf dieser Seite: *Fish Diary (Fisch-Tagebuch)*, Lois James.

KOMBINIERTE BUCHEINBÄNDE

Bücher, bei denen verschiedene Techniken des Falzens, Heftens und Klebens angewendet werden, bieten die grösste Auswahl an möglichen Strukturformen. Ein solches Buch kann sehr einfach gestaltet sein, fast wie ein Grund-Kodex, oder es kann verborgene Fächer, Tunnels und Fahnen enthalten, die hervorspringen, sobald das Buch geöffnet wird.

Projekt-Modell, Shereen LaPlantz.

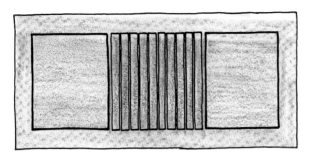

Abbildung 1

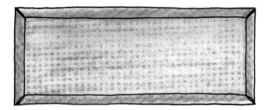

Abbildung 2

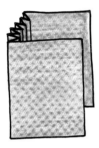

Abbildung 3

Abbildung 4

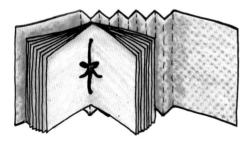

Abbildung 5

Abbildung 6

PROJEKT

Dieses Buch ist eine einfache Kombination. Der Rücken ist ziehharmonikaartig gefaltet; die Lagen sind in den Rücken eingenäht. Es gibt allerdings bei diesem Entwurf ein Dilemma: Macht man den Ziehharmonika-Rücken aus einem ziemlich steifen Papier, so kann das vielleicht funktionieren. Aber meistens ist das Papier doch zu schwach, um den Textteil zu tragen, und das Buch fällt in sich zusammen. Nimmt man aber ein noch steiferes Papier oder gar ein Material, wie es für leichtere Einbanddeckel verwendet wird, so ist es zu wenig flexibel und zerbricht unter Umständen schon nach kurzer Zeit.

Die Lösung dieses Problems besteht darin, schmale Kartonleisten zu schneiden und diese mit einem weichen, aber widerstandsfähigen dekorativen Papier zu überziehen. Die Leisten bilden die Stütze, das Papier bildet die Gelenke für das Öffnen der Ziehharmonika. Wenn das Buch für häufigen Gebrauch vorgesehen ist, können Sie die Falten mit starken Papier- oder Leinen-Klebstreifen verstärken, die in Geschäften für Einrahmungen und Malerbedarf erhältlich sind.

Materialien

Textteil: 40 Bogen Papier, zum Beispiel Normalformat A4, jeder Bogen in der Mitte gefalzt

Vorsatzblatt: 1 Bogen starkes Japanpapier oder ein anderes handgemachtes Papier, zugeschnitten wie unten angegeben

Einbanddeckel: 12 Abschnitte eines geeigneten festen Materials (siehe Seite 12), zugeschnitten wie unten angegeben

Überzugspapier: 1 Bogen starkes Japanpapier, zugeschnitten wie unten angegeben

Zwirn: Siehe Seite 15

Abfallpapier für die Klebearbeit

Wachspapier

Kleister

Werkzeuge

Bastlermesser

Metall-Lineal

Stumpfe Nadel mit grossem Öhr

Küchenhandtuch oder Papierhandtuch, der Länge nach vierfach gefaltet

Bleistift

Ahle oder ähnliches Werkzeug

Bienenwachs

Buchpresse oder grossformatiges Gewicht, zum Beispiel schwere Bücher

Arbeitsablauf

1. Schneiden Sie zwei Einbandteile so zu, dass sie 6 mm höher und 32 mm breiter sind als der gefaltete Textteil. Dann zehn schmale Leisten aus dem gleichen Material, ebenso hoch wie die gros-

sen Teile, aber nur 25 mm breit. Legen Sie alle Teile nebeneinander, überall mit einer 3 mm breiten Lücke. Wenn Sie den Einband mit Klebstreifen verstärken wollen, tun Sie es jetzt. Schneiden Sie die Klebstreifen genau so lang wie die Lücken zwischen den Einbandteilen und legen Sie sie so auf die Aussenseite der Teile, dass die Lücken vollständig überdeckt sind.

2. Nun schneiden Sie das Überzugspapier zu. Es soll je 50 mm höher und breiter sein als der vollständige Einband. Kleben Sie die Einbandteile auf das Überzugspapier (Abb. 1). Die Ecken werden in der üblichen Weise gebildet.

Lessons From Green Gulch (Lektionen aus der Grünen Schlucht), Susan Kapuscinski Gaylord.

3. Schneiden Sie das Vorsatzblatt 13 mm niedriger und 13 mm schmaler als den Einband. Kleben Sie es auf die Innenseite des Einbands (Abb. 2).

4. Falten Sie den Buchrücken zu einer Ziehharmonika (Abb. 3). Solange der Kleister noch feucht ist, geben Sie den Falten ein wenig Spielraum, damit sich die Ziehharmonika nachher ohne Mühe öffnen und schliessen lässt. Ist der Kleister einmal völlig trocken, können Sie nichts mehr korrigieren; statt dessen riskieren Sie, dass das Papier irgendwo am Buchrücken zerreisst. Wenn alles stimmt, wickeln Sie den fertigen Einband in Wachspapier ein und legen ihn zum Trocknen in die Buchpresse oder unter das beschwerte Brett.

5. Jetzt machen Sie die Lagen. Jede besteht aus acht gefalzten Bogen, was 32 Seiten ergibt, also doppelt soviel wie üblich (Abb. 4). Diese dickeren Lagen sind nötig, um den wegen des Ziehharmonika-Buchrückens viel breiteren Raum auszufüllen. Sie bekommen sonst ein Buch, das an der vorderen Kante viel dünner ist als am Rücken.

6. Nähen Sie die Lagen an den Rücken, und zwar immer auf den Berg-Falz, das heisst auf die gegen die vordere Kante gerichteten Falten der Ziehharmonika. In der Abbildung 5 ist ein Heftstich gezeigt; ein laufender Stich geht aber ebensogut.

7. Wenn alle Lagen eingenäht sind, ist das Buch fertig.

VARIANTEN ZU DEN LAGEN

Doppelte Lagen

Wenn Sie es vorziehen, können Sie anstelle der doppelten Lagen an jede Falte des Buchrückens zwei normale Lagen nähen.

Schneiden Sie aus einem Papier, das stark genug ist, um zwei Lagen zu tragen, für jede Falte im Buchrücken einen Papierstreifen (vgl. Abschnitt «Passepartout-Buch», Seiten 46/47). Die Länge dieser Papierstreifen ist gleich der Länge des Buchrückens, die Breite gleich der Breite einer der schmalen Leisten plus 25 mm. Falzen Sie diese Streifen der Länge nach in der Mitte.

Nun nähen Sie an jeden Streifen zwei normale Lagen des Textteils, und zwar so, dass jede Lage etwa 13 mm vom Falz des Streifens entfernt ist (Abb. 6); dann kleben Sie die Streifen auf die Berg-Falze der Ziehharmonika (Abb. 7, vgl. Ziffer 6 oben). Wickeln Sie jede einzelne Lage in Wachspapier ein, legen Sie das ganze Buch zum Trocknen in die Buchpresse oder unter das beschwerte Brett.

Gefaltete Seiten

Eine Lage kann anstatt aus einfachen Seiten auch aus ein- oder mehrfach gefalteten Seiten bestehen. Wählen Sie irgendein Falzmuster, das Ihnen gefällt. Abb. 8 zeigt zum Beispiel einen Falz mit

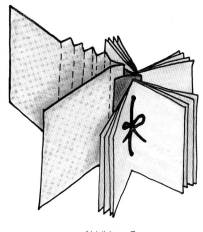

Abbildung 7

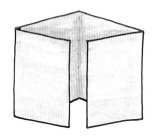

Abbildung 8

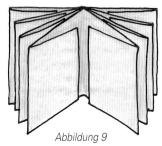

Abbildung 9

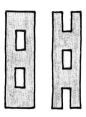

Abbildung 10

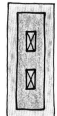

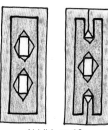

Abbildung 12

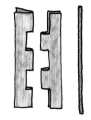

Abbildung 11

Abbildung 13

der Form eines Tores, während Susan Kapuscinski Gaylord für *Lessons From Green Gulch* ein anderes Muster wählte.

Fügen Sie eine beliebige Anzahl dieser mehrfach gefalteten Bogen zu einer Lage zusammen (Abb. 9) und nähen Sie diese in den Buchrücken.

GEHEIMVERSTECKE

Das separate Klavierscharnier

Eine andere Methode zum Verstärken des Zickzack-Buchrückens ist die Verwendung eines Scharniers. Das Scharnier wird aus einem festen leichtgewichtigen Material hergestellt. Wenn der Scharnierstift herausgezogen wird, fällt das Scharnier auseinander, und plötzlich öffnet sich ein geheimes Versteck. Dort findet die Leserin oder der Leser des Rätsels Lösung, einen unerwarteten Aspekt der Geschichte oder eine letzte Abbildung, die alles erklärt. Das Scharnier verstärkt zwar den Ziehharmonika-Buchrücken; aber ich ziehe es vor, trotzdem auch noch die oben beschriebenen Leisten einzubeziehen, weil sie dem Buch mehr Festigkeit verleihen. Wenn Sie ein Scharnier machen wollen, müssen Sie zunächst einmal den Scharnierstift wählen. Es kann zum Beispiel ein Bleistift sein oder ein Stab aus Bambus, Holz oder Metall. Der Scharnierstift bestimmt die Grösse des Scharniers.

Das Scharnier besteht aus zwei Teilen (Abb. 10). Der rechte (leiterförmige) Teil bildet zwei kurze Rohre, durch die der Scharnierstift geschoben wird, dazwischen ein Loch, darüber und darunter je eine Kerbe. Der linke Teil enthält zwei Löcher und drei Rohre. Wenn beide Teile montiert sind, passen die Rohre des einen in die Löcher oder Kerben des anderen Teils. Rohre, Löcher und Kerben müssen daher in der Grösse genau übereinstimmen.

Wie breit sollen Rohre, Löcher und Kerben sein? Messen Sie den *Umfang* des Scharnierstiftes mit Messband oder Papierstreifen. Dann geben Sie 6 bis 8 mm zu, damit der Scharnierstift etwas Spielraum hat; das gibt die Breite der Rohre und Löcher *vor dem Montieren*. Beispiel: Für einen Bambusstab von 19 mm Umfang machte ich die Rohre und Löcher 25 mm breit. Nun schneiden Sie zwei Stücke eines starken, aber flexiblen und leichtgewichtigen Materials zu. Die Länge ist gleich der ganzen Scharnierlänge, die Breite gleich der Breite der Rohre und Löcher, plus 50 mm.

Entscheiden Sie, aus wievielen Abschnitten das Scharnier bestehen soll, dann messen und schneiden Sie die Öffnungen. Wie erwähnt, müssen Rohre und Kerben der beiden Scharnierteile genau übereinstimmen. Zudem ist zu berücksichtigen, dass die Teile nachher mit dekorativem Papier überzogen werden; bei den Löchern und Kerben müssen Sie also einen kleinen zusätzlichen Spielraum lassen. Überziehen Sie die Scharnierteile mit dem gleichen Papier wie den Einband oder mit einem Papier in einer geeigneten Kontrastfarbe. Bei den rechteckigen Löchern machen Sie in dieses Papier je einen X-förmigen, bei den Kerben oben und unten je einen Y-förmigen Einschnitt (Abb. 11). Falten Sie die durch diese Einschnitte gebildeten kleinen Papierklappen um die Ränder der Löcher und

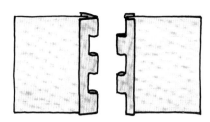

Abbildung 14

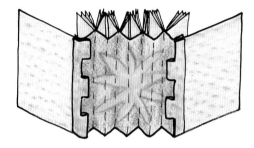

Abbildung 15

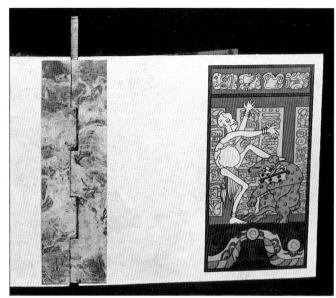

Oben und unten: *We Beg the Favor of a Dance (Dürfen wir zum Tanz bitten),* O Ah Puch and Kukulkan, Elsi Vassdal Ellis, EVE Press.

Kerben herum. Kleben Sie sie auf der Rückseite fest (Abb. 12). Dann beenden Sie die Ecken in der gewohnten Weise. Formen Sie die Scharnierteile um den Scharnierstift herum (Abb. 13). Fügen Sie die beiden Teile zusammen, prüfen Sie, ob das Scharnier funktioniert. Der Scharnierstift soll weder zu fest noch zu lose sitzen, sich also ohne Mühe hinein- und herausschieben lassen, aber nicht von selber herausfallen. Machen Sie die beiden Einbanddeckel wie gewohnt. Dann kleben Sie je einen Scharnierteil an den vorderen und an den hinteren Einbanddeckel (Abb. 14), anschliessend kleben Sie den Ziehharmonika-Rücken auf die Innenseite des mit dem Scharnier versehenen Einbandes. Wenn die Lagen am Rücken angenäht sind, ist das Buch fertig (Abb. 15). Wer den Scharnierstift aus dem fertigen Buch herauszieht, möchte wissen, was für ein Geheimnis wohl unter dem Buchrücken verborgen ist. Sorgen Sie für eine wundervolle Überraschung in Ihrem Scharnierbuch.

Abbildung 16

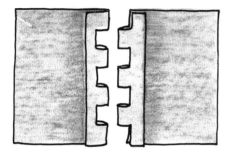

Abbildung 17

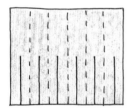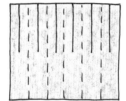

Abbildung 18

Klavierscharnier als Teil des Einbandes

Das Klavierscharnier kann als Teil des Einbandes gemacht werden. In diesem Fall muss für den Einband ein Material gewählt werden, das biegsam genug ist, um zum Scharnier geformt zu werden, zum Beispiel ein einlagiger Museumskarton oder ein Bristol-Karton. Ein so flexibler Einband fühlt sich allerdings auch schlaff an.

Nehmen Sie das Mass für das Scharnier und für den Einband, wie schon beschrieben, und markieren Sie beides auf dem Einbandmaterial. Die Rohre, Löcher und Kerben für das Scharnier liegen einander gegenüber, nahe dem inneren Rand jedes Teils des Einbanddeckels. Schneiden Sie die Löcher sorgfältig aus (Abb. 16).

Bilden Sie das Scharnier, kleben Sie den schmalen Rand jedes Scharnierteils auf den betreffenden Teil des Einbanddeckels (Abb. 17). Im übrigen bleibt der Arbeitsablauf gleich wie für das vorher beschriebene Scharnier.

BIENENWABEN-LEPORELLO

Noch eine andere Methode zum Verstärken des Zickzack-Buchrückens besteht darin, einen doppelten Leporello zu machen. Man stellt zwei gleich grosse Leporello-Rücken her, schneidet in den einen vom oberen, in den anderen vom unteren Rand her Schlitze bis in die Mitte, schiebt die beiden Ziehharmonikas ineinander und erhält ein Gebilde ähnlich einer Bienenwabe. Dann bindet man die Lagen wieder in den Buchrücken ein und klebt Einbanddeckel auf. Dieser Stil eignet sich für nicht allzu hohe Buchformate, zum Beispiel Quartformat. Bei grösseren Formaten wird das Ganze wegen der Schlitze unstabil.

Wählen Sie ein ziemlich kräftiges Papier, zum Beispiel Zeichen- oder Aquarellpapier. Normales Schreibpapier ist zu wenig stabil. Messen und schneiden Sie zwei Abschnitte in der gewünschten Grösse. Bilden Sie in jedem Abschnitt die Leporello-Falten; dann

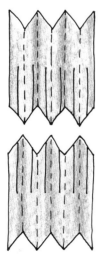

Abbildung 19   *Abbildung 20*

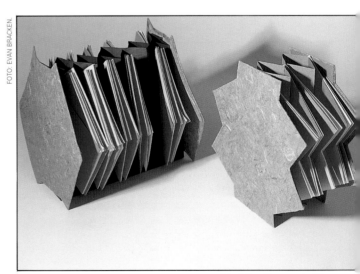

FOTO: EVAN BRACKEN.

Modelle, Shereen LaPlantz.

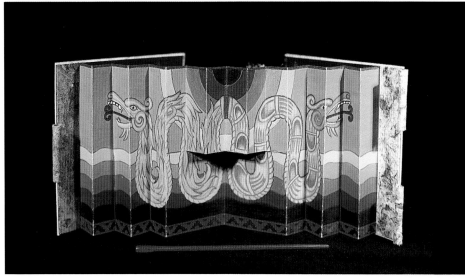

Oben und links: *The Sun of the Four Movements (Die Sonne der Vier Bewegungen),* aus *Yancuic Tonatium Valmomana,* Buch 6 von 9, Elsi Vassdal Ellis, EVE Press.

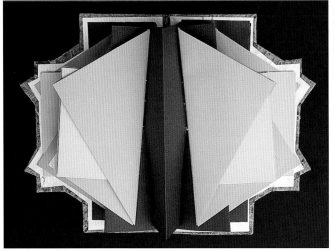

Tagebuch, Barbara Heisler.

Tagebuch, Barbara Heisler.

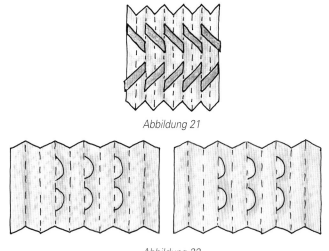

Abbildung 21

Abbildung 22

Abbildung 23

Abbildung 24

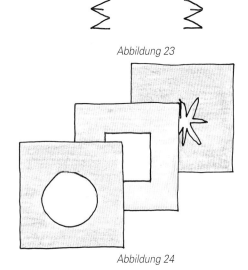

Abbildung 25   *Abbildung 26*

schneiden Sie in der Mitte zwischen je zwei Falten einen Schlitz, beim ersten Abschnitt vom oberen, beim zweiten Abschnitt vom unteren Rand her bis auf die halbe Höhe des Papiers (Abb. 18).

Falten Sie die beiden Bogen und schieben Sie sie so zusammen, dass die Schlitze ineinandergreifen (Abb. 19 und 20). Nähen Sie die Lagen ein, befestigen Sie die Einbanddeckel.

Hinweis: Am besten nähen Sie die Lagen entweder *vor* dem Zusammenschieben der beiden Bogen auf den Berg-Falz des Zickzacks oder *nach* dem Zusammenschieben in den Tal-Falz ein.

FLAGGEN

Dieses Buch beruht auf der Überlegung, dass eine Falte zwei Seiten hat. Je nachdem, auf welcher Seite der Falte die Flagge aufgeklebt ist, legt sie sich in einer oder in der entgegengesetzten Richtung. Die dritte Möglichkeit ist, die Flagge sich gar nicht legen zu lassen, sondern sie so zu befestigen, dass man die Falten mit den Flaggen umblättern kann wie die Seiten eines gewöhnlichen Buches.

Hier ergeben sich verschiedene Möglichkeiten für den Stil des Buches. Zum Beispiel kann die Vorderseite der Flagge ein Bild, die Rückseite einen Text tragen, oder Bild und Text befinden sich auf beiden Seiten, um die zwei Seiten einer Geschichte darzustellen. Bilden Sie einen Leporello-Buchrücken. Kleben Sie die Flaggen reihenweise auf beide Seiten der Falten, die einen rechts, die anderen links (Abb. 21).

TUNNELBUCH

Ein Tunnelbuch hat zwei Leporello-Seitenwände, aber keinen Rücken im üblichen Sinn. Zwischen den beiden Leporello-Seitenwänden werden die Textseiten befestigt; sie lassen sich nicht umblättern wie die Seiten eines normalen Buches. Jede Textseite hat ein Loch. Die Leserin oder der Leser blickt durch die Löcher wie durch ein Fernrohr. Weil man durch das Loch jeder Textseite die nächste Seite sieht, darf das Buch nicht zu viele Textseiten aufweisen; sonst ist der Text auf den letzten Seiten nicht mehr richtig zu erkennen.

Bilden Sie zwei Ziehharmonikas, für jede Seitenwand eine. Die Falten bilden hier Winkel. Das gibt ein Problem, weil die Textseiten rechtwinklig zu der Längsrichtung des Tunnels stehen müssen. Schneiden Sie an den Zwischenfalten kleine Klappen aus, um die Textseiten daran zu befestigen (Abb. 22). Die Ansicht von oben (Abb. 23) zeigt, wie diese Klappen festgehalten werden.

Entwerfen und illustrieren (oder beschriften) Sie die Textseiten, also für das Innere des Tunnels, und schneiden Sie sie aus (Abb. 24). Um sie zusammenzuhalten, wird vorne ein Rahmen aufgesetzt, und die Rückseite besteht in der Regel aus einem festen Papier, Karton oder sonstigem Material. Kleben Sie die Textseiten auf die Klappen, dann kleben Sie den Rahmen und die Rückseite auf (Abb. 25 und 26).

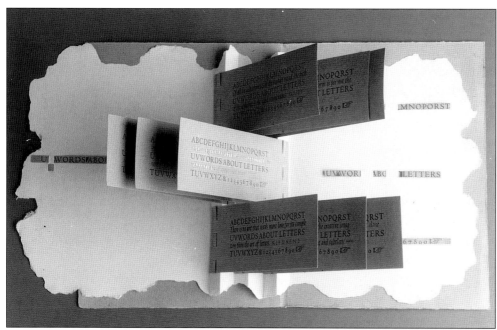

*Words About Letters
(Worte über Buchstaben),*
Carol Pallesen Hicks,
Silent Hand Scriptorium.

Cincinnati 3 Way,
Paddy Thornbury.

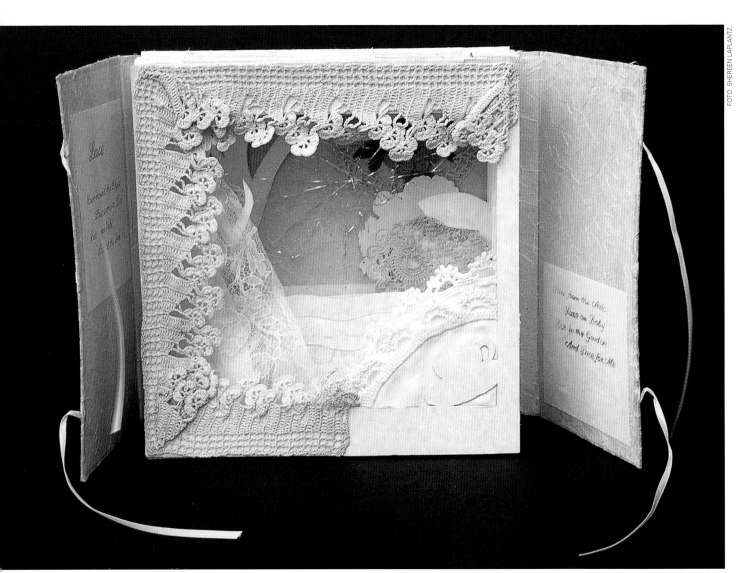

Lace (Spitzen), Dorothy Swendeman, A Weaver's Inn Press.

Loom (Webstuhl), Carol Barton.

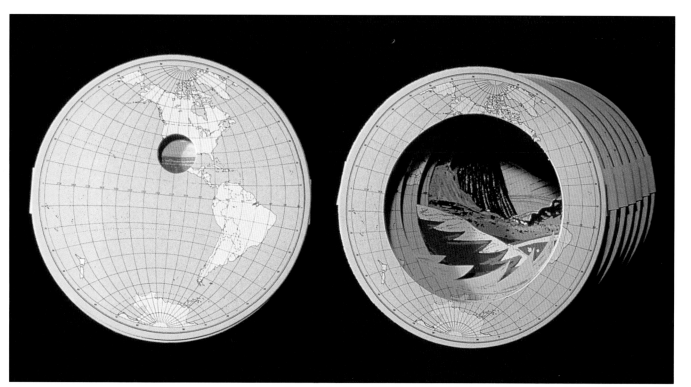

Tunnel Map (Tunnel-Weltkarte), Carol Barton, im Women's Studio Workshop produziert.

Grandma's Closet (Grossmutters Schrank), Edward H. Hutchins.

STERNBUCH

Es gibt zwei Arten von Sternbüchern. Die eine wurde bereits im Kapitel «Grund-Kodex» behandelt (siehe Seite 47); die zweite wird nachstehend beschrieben. Dies ist eine Variante des Tunnelbuches. Es besteht aus drei Lagen Leporello-Falten mit Ausschnitten, die an der vorderen Kante zusammengenäht werden.

Die Grösse der Falten ist wichtig für das Funktionieren des Sternbuches. Die hinterste Lage hat eine grosse, tiefe Falte, die vorderste nur eine untiefe Falte. Leider sind die Grössen nicht schön gleichmässig abgestuft. Die Grössendifferenz zwischen den Falten der mittleren und der hintersten Lage ist doppelt so gross wie diejenige zwischen den Falten der vordersten und der mittleren Lage. Beispiel: Falte für die hinterste Lage 74 mm, für die mittlere Lage 50 mm, für die vorderste Lage 38 mm.

Entwerfen und machen Sie die drei Ziehharmonikas (Abb. 27). Legen Sie sie ineinander, vorne die Lage mit den kleinsten, hinten die mit den grössten Falten (Abb. 28). Nähen Sie sie mit Heftstichen oder laufenden Stichen an den Berg-Falzen aneinander.

Befestigen Sie den Einbanddeckel an den äussersten Seiten des Textteils, so dass die Lage mit den kleinsten Falten nach aussen gerichtet ist. Die Ausschnitte sind von aussen zu sehen (Abb. 29). Damit die Strahlen des Sterns nach allen Seiten gerichtet sind, muss der Einband einen weichen, keinen festen Rücken haben.

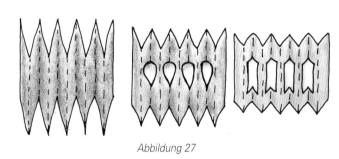

Abbildung 27

Abbildung 28

Abbildung 29

Miniver Cheevy, Pat Baldwin, Pequeño Press.

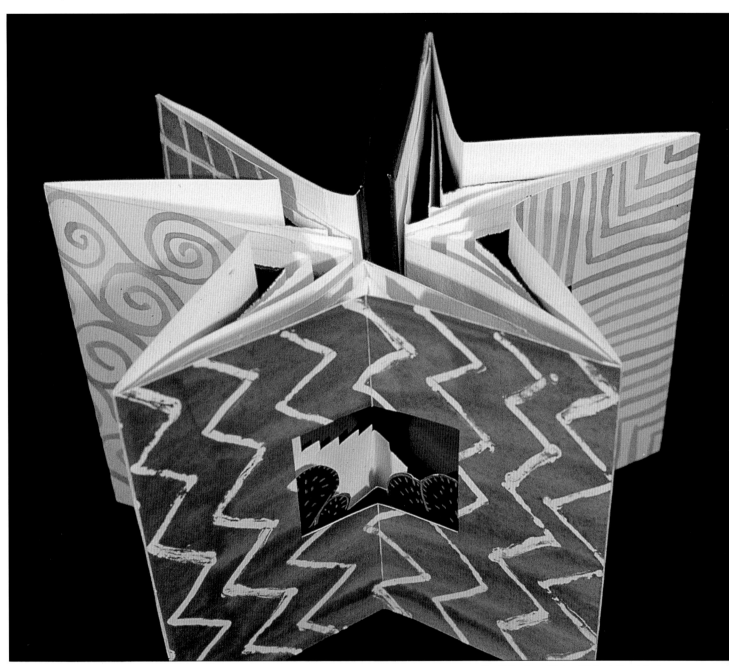

Small Gardens (Kleine Gärten), Carol Barton.

VARIANTEN IN DER GESTALTUNG

Bei solchen kombinierten Einbänden fällt die formale Gestaltung gleich stark ins Gewicht wie die Grund-Technik. Jede Variante unterscheidet sich von den anderen nicht bloss durch einen neuen Stich oder eine andere Falte. Wir haben nun zwar eine Anzahl möglicher Varianten näher betrachtet; aber damit sind die Möglichkeiten noch längst nicht erschöpft. Könnte es im Inneren des Tunnels einen zweiten Tunnel geben, oder könnte vielleicht ein Arm aus dem Sternbuch herausragen? Hüten Sie sich aber davor, Ihre Phantasie oder Ihre Erfindungsgabe allzusehr überborden zu lassen. Jede Struktur muss aus dem Inhalt des Buches herauswachsen. Enthält das Sternbuch zum Beispiel eine Sammlung alter Familienfotos? Dann könnten Sie es doch als Stammbaum gestalten. Überlegen Sie sich, was der Inhalt des Buches sein soll; dann machen Sie Ihren Entwurf.

Gestaltungsmodelle, Shereen LaPlantz.

UNGEWÖHNLICHE BUCHEINBÄNDE

Dieses Kapitel beschreibt einige Bucheinbände, die sonst nirgendwohin passen, ist also so etwas wie ein Sammelsurium. Wenn Stäbe in einem früheren Kapitel bloss einen kleinen Bestandteil des Bucheinbandes bildeten, so finden Sie hier einen fast ganz aus Stäben bestehenden Einband. Stäbe werden in Klavierscharnier-Einbänden und in Zeitungsständern verwendet. Ferner werden Arbeiten mit Ringen und Spiralen und aufgefädelten Karten dargestellt.

Mary Street wählte für ihre Kreation *Dreamwave (Traumwelle)* eine recht einfache Technik. Legen Sie einen Stoss handgemachtes Papier, noch im feuchten Zustand, zum Trocknen ein Stück weit in eine Buchpresse. Wo das Papier gepresst wird, kleben die Seiten zusammen.

Dreamwave (Traumwelle), Mary Street.

PROJEKT

Dieses Buch verwendet Klavierscharniere als simple und wirksame Methode zum Verbinden zweier Textlagen. Der Textteil ist nicht bloss von aussen zu sehen, sondern er ist sogar hervorgehoben; er soll also aus einem hübschen Papier bestehen. Der Einbanddeckel muss einerseits ziemlich schwer sein, andererseits biegsam genug, um zu Scharnierrohren geformt zu werden. Die Stäbe sind der hervorstechende Teil des Buchrückens, sollen also solid sein und auch gut aussehen.

Materialien

Textteil: 50 Blatt Papier, zum Beispiel Normalformat A4

Einband: 2 Bogen eines starken Aquarell-, Zeichen- oder Kupferstich-Papiers, zugeschnitten wie unten angegeben

Band oder Zwirn: Baumwoll-Häkelgarn, starkes Garn, weiches Band, gewachster Leinenzwirn

Scharnierstifte: 13 dünne Stäbe, zum Beispiel Holz-, Bambus- oder Metallstäbe oder runde Bleistifte

Kleister

Werkzeuge

Bastlermesser
Lineal
Metall-Lineal

Arbeitsablauf

1. Schneiden Sie das Überzugspapier so zu, dass jeder der beiden Teile etwa 6 mm höher und 6 mm breiter ist als die ganzen Bogen des Textteils.

2. Falzen Sie die 50 Bogen Textpapier in der Mitte zusammen. Bilden Sie 10 Lagen aus je 5 gefalzten Bogen. Machen Sie in den Rücken jeder Lage im Abstand von etwa 25 mm eine Reihe waagrechter Einschnitte, die tief genug sind, um die Scharnierstifte aufzunehmen (Abb. 1). Erweitern Sie diese Einschnitte zu keilförmigen Kerben (Abb. 2).

3. Die gleichen keilförmigen Kerben werden nachher auch in die Überzugspapiere geschnitten (Abb. 3). Zuerst müssen diese aber auf doppelte Stärke gebracht werden. Falzen Sie die Überzugspapiere in der Mitte und kleben Sie den grössten Teil der beiden Hälften zusammen, jedoch nicht die äussersten seitlichen Ränder. Diese bleiben frei, weil nachher das Rohr für das Scharnier daraus gebildet wird.

4. Nehmen Sie eine der Textteil-Lagen. Von den über, zwischen und unter den keilförmigen Kerben noch stehengebliebenen Abschnitten des Rückens falzen Sie den ersten, dritten, fünften und siebenten nach innen. Bei einer zweiten Lage tun Sie dasselbe mit dem zweiten, vierten und sechsten Rückenabschnitt (Abb. 4). Wenn Sie nun die beiden Lagen zusammenschieben, greifen die so gebildeten Zähne und Lücken ineinander wie bei zwei Zahnrädern.

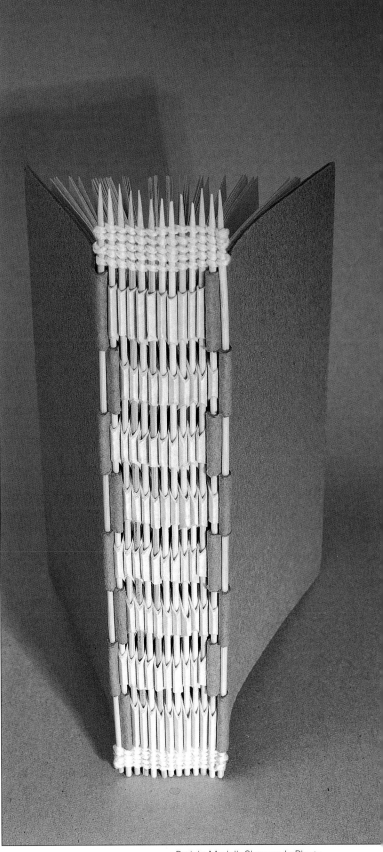

Projekt-Modell, Shereen LaPlantz.

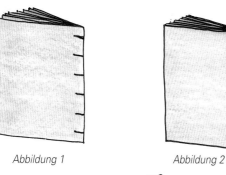

Abbildung 1   Abbildung 2

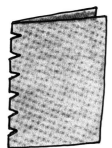

Abbildung 3

5. Schieben Sie einen Scharnierstift durch die ineinander geschobenen Rücken der beiden Lagen (Abb. 5).

6. Legen Sie eine dritte Lage neben die ersten zwei. Wieder müssen Zähne und Lücken ineinandergreifen. Fügen Sie den zweiten Scharnierstift bei. Wiederholen Sie dies, bis alle Lagen verbunden sind. Fügen Sie nun noch vorne und hinten die Einbanddeckel bei, wieder mit Scharnierstiften. An jedem Deckel ist eine überzählige Reihe von Rückenabschnitten. Diese können Sie einfach stehenlassen oder abschneiden, oder Sie führen noch je einen Scharnierstift hindurch oder bilden irgendeinen dekorativen Abschluss.

7. Nun müssen die Scharnierstifte noch miteinander verbunden werden. Das kann auf verschiedene Arten geschehen. Hier wurden sie mit einem doppelten Strang Garn oder Band miteinander verflochten. Bilden Sie in der Mitte des Garns eine Schlaufe, legen diese über den ersten Scharnierstift und flechten dann beide Enden um die folgenden Stifte, wie in den Abbildungen 6 bis 8 gezeigt. Beim letzten Stift machen Sie eine Kehrtwendung und flechten in der entgegengesetzten Richtung zum ersten Stift zurück.

Um die Scharnierstifte festzuhalten, braucht es mindestens eine doppelte Reihe Garn oder Band. Bei diesem Projekt wurde oben und unten je eine fünffache Reihe geflochten.

ZEITUNGSSTÄNDER

Zeitungsständer in Bibliotheken bestehen manchmal aus langen Stäben, um die herum die Zeitungen gelegt werden. Mehrere Stäbe, zum Beispiel acht, werden mit Gummiringen miteinander verbunden.

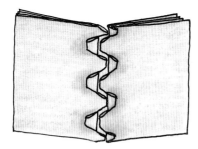

Abbildung 4

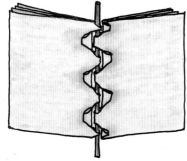

Abbildung 5

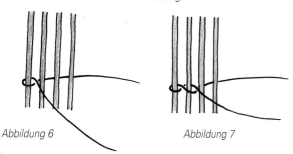

Abbildung 6   Abbildung 7   Abbildung 8

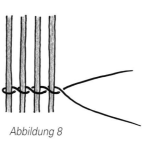

Abbildung 9

Abbildung 10

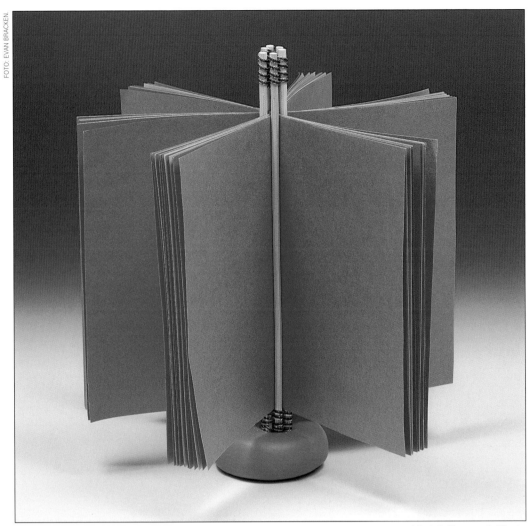

Modell, Shereen LaPlantz.

Diese Technik lässt sich für Künstlerbücher anwenden. Mehrere Stäbe werden zusammengebunden, und auf diese Weise kann man eine grössere Anzahl Lagen zusammenfügen. Anstelle von Gummibändern verwendet man hier besser Stoffbänder oder starkes Garn. Auch hier ist das Flechten eine einfache und zweckmässige Verbindung.

Machen Sie die gewünschte Anzahl Lagen. Für jede Lage brauchen Sie einen Metall-, Holz- oder Bambusstab, oder vielleicht eine Stricknadel. Flechten Sie die Stäbe unten mit nur einer Reihe Garn aneinander. Dann ordnen Sie sie ringförmig an, so dass der letzte Stab neben den ersten zu stehen kommt (Abb. 9). Flechten Sie in der gleichen Richtung weiter; es entsteht von selber eine Spirale. Zuletzt binden Sie die Enden des Garns möglichst unauffällig ab und schneiden den überschüssigen Rest weg.

Legen Sie jede Lage um einen Stab, bis alle ihren Platz gefunden haben (Abb. 10). Nun flechten Sie die Stäbe oben wieder anei-nander. Damit das so geformte Buch aufrecht stehen kann, müssen Sie einen Fuss anbringen.

AUFGEFÄDELTE KARTEN

Das ist eine andere hübsche Konstruktion. Die Seiten werden nicht zu Lagen zusammengefügt, sondern aufgefädelt. Das Ganze sieht dann etwa aus wie eine Markise oder Lamellenstore. Dies ist eine ganz alte Technik. In Indien wurden geglättete Palmblät-ter auf diese Weise aufgereiht.

Viele Dinge im Haus werden auf ähnliche Weise auf Bänder oder Schnüre aufgereiht. Das öffnet viele Möglichkeiten für interessan-te Kreationen. Und es müssen gar nicht immer Bänder oder Schnüre sein. Kathy Crump wählte Metallstäbe für ihr Buch.

Sie können für die Textseiten ein festes Papier nehmen. Schnei-den Sie zwei Schlitze in der zur Breite Ihres Bandes passenden

119

Grösse (Abb. 11), ziehen Sie die beiden Bänder durch die Schlitze (Abb. 12) und befestigen Sie jedes Blatt mit je einem Kreuzstich an den Bändern (Abb. 13 und 14).
Paddy Thornbury bildete eine Strickleiter – ein altes Kinderspielzeug – zu einem Buch. Hier wurden die Bänder nicht durch Schlitze gezogen, sondern um die Seiten gewickelt.

Artist in Progress (Die Entwicklung des Künstlers), Kathy Crump.

Abbildung 11

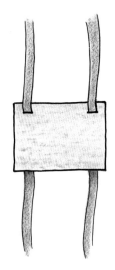

Abbildung 12

Jacob's Ladder (Jakobsleiter), Paddy Thornbury.

Abbildung 13

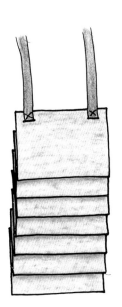

Abbildung 14

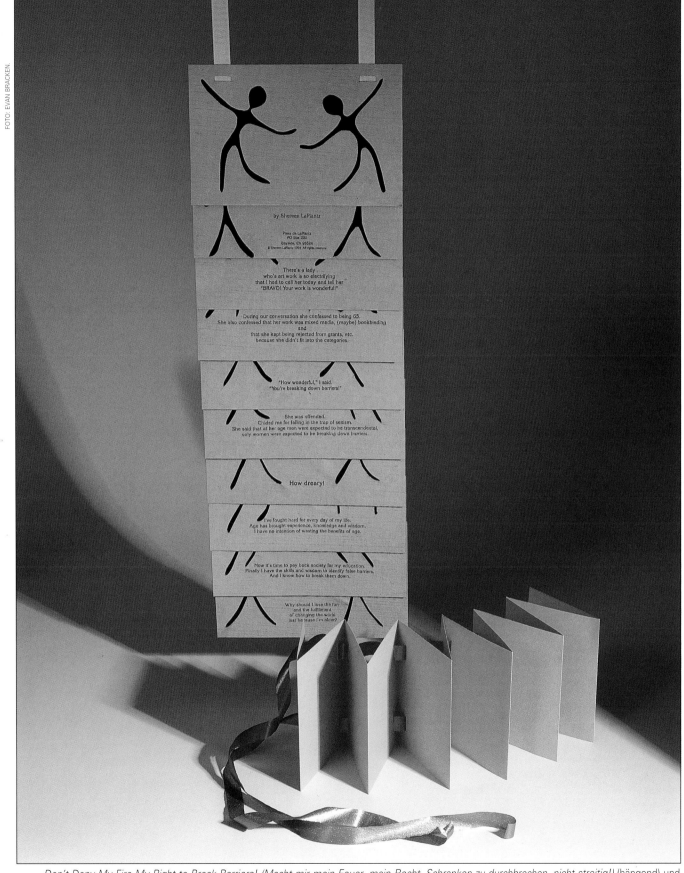

Don't Deny My Fire My Right to Break Barriers! (Macht mir mein Feuer, mein Recht, Schranken zu durchbrechen, nicht streitig!) (hängend) und Gestaltungsmodell Shereen LaPlantz, Press de LaPlantz.

EINBÄNDE MIT KLEBSTREIFEN

Die beispielsweise zum Aufkleben von Bildern verwendeten Klebstreifen können auch zu einem wesentlichen Bestandteil eines
Bucheinbandes werden. Die Sache ist ganz einfach: Der Streifen
wird beim Buchrücken der Länge nach je zur Hälfte auf eine Seite und auf die gegenüberliegende Seite geklebt. Am besten eignet
sich dieses Verfahren für sehr dicke Textseiten, wie in den hier
abgebildeten Beispielen *The Dream Bug* von M. Desiree Snider
und *An Open and Shut Case* von Emily Martin.

ZUSAMMENGEKLEBTE SEITEN

Auch dieses Verfahren ist nicht kompliziert: Man klebt einfach je
zwei Seiten zusammen. Nancy Welch machte für ihr Büchlein
Return of the Spirit zuerst eine Ziehharmonika, klebte dann die
Seiten am Rücken zusammen und klebte zuletzt die erste und die
letzte Seite innen an die Einbanddeckel.
Eine andere Methode beruht auf dem traditionellen japanischen
Fächerbuch. Falzen Sie jede Seite des Textteils in der Mitte. Bringen Sie beim ersten Blatt einen ganz schmalen Leimstreifen aussen auf die Falzstelle, nur auf einer Seite. Kleben Sie das zweite
gefalzte Blatt darauf, dann das dritte auf das zweite und so weiter, bis alle Blätter am Rücken aufeinander geklebt sind. An der
Vorderkante sind die Blätter nicht zusammengeklebt, so dass sich
das Buch fächerartig öffnen lässt.

SCHRAUBENBAND

Die früher gebräuchlichen grossen Buchhaltungsformulare wurden vielfach mit Hilfe von Schrauben und Muttern (zum Beispiel
Flügelmuttern) zu Büchern verbunden. Ein ähnliches Verfahren
wird für Musterkollektionen (Farben, Stoffe, Tapeten, Bodenbelä-
ge) verwendet. Solche Schrauben und Muttern aus Metall, Holz
und Kunststoff sind in Fachgeschäften für Bastlerartikel und
Schreibwaren erhältlich. Machen Sie Textteil und Einbanddeckel.
Dann bohren Sie an den gewünschten Stellen die Löcher, genau
im Durchmesser der Schrauben, stecken die Schrauben durch
Einbanddeckel und Textteil und befestigen das Ganze mit den
Muttern.

ÖSEN-BINDUNG

Ösen und die dafür benötigten Werkzeuge finden Sie in Textilwa-
rengeschäften und in Fachgeschäften für Bastler, Sattler und
Tapezierer. Machen Sie Textteil und Einbanddeckel, bohren Sie
die Löcher und bringen Sie die Ösen an gemäss der Gebrauchs-
anleitung des Werkzeugs. (In den Gebrauchsanleitungen für
Ösenzangen wird oft kein Vorbohren der Löcher empfohlen, weil
sie meist für Textilien verwendet werden; für ein Buch ist das Vorbohren dagegen in der Regel unerlässlich.)

Return of the Spirit (Rückkehr des Geistes), Nancy Welch.

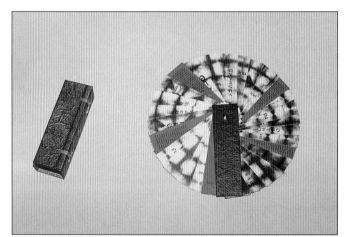

A to Z of Foods (Lebensmittel A bis Z), Kathy Crump.

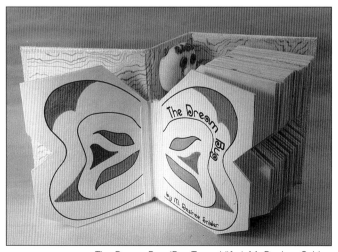

The Dream Bug (Der Traumkäfer), M. Desiree Snider.

An Open and Shut Case (ein Wortspiel: wörtlich *Ein offener und geschlossener Fall,* sinngemäss *Ein Fall, dessen Ergebnis von vornherein feststeht),* Emily Martin.

Call for Entries (Aufruf für Eintragungen), entworfen von Lisa Buckley und Deirdre Wroblewski, mit Wilma Stevens (künstlerische Leitung), Joann Seastrom (Fotografin) und Carma Fazio (Herstellerin), im Auftrag der Chicago Book Clinic (Bücherklinik).

Modell, Shereen LaPlantz.

Abbildung 15

Abbildung 16

Abbildung 17

Abbildung 18

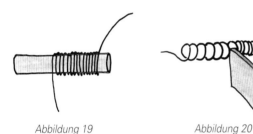

Abbildung 19

Abbildung 20

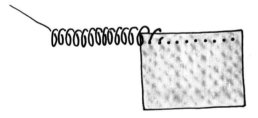

Abbildung 21

Abbildung 22

RINGBÜCHER

Jedes Schulkind weiss, was ein Ringbuch ist. Ringbücher eignen sich aber nicht nur als Notizbücher, sondern auch als Künstlerbücher. Die Ringe können aus Metall, Kunststoff oder anderen Materialien bestehen. Halten Sie in Spezialgeschäften nach nicht alltäglichen Varianten Ausschau. Ich fand zum Beispiel in einem Geschäft für Viehfutter und Landwirtschaftsbedarf verschiedenfarbige Kunststoffringe für Federvieh.

Um ein Ringbuch anzufertigen, machen Sie zunächst zwei separate Einbanddeckel mit Vorsatzblättern. Nun schneiden Sie die Textseiten zu und plazieren sie zwischen die Einbanddeckel. Markieren Sie die Stellen, wo die Ringe angebracht werden sollen, und bohren Sie dort die Löcher (Abb. 15). Dann öffnen Sie die Metallringe mit zwei Zangen (Abb. 16 und 17), führen sie durch die Löcher (Abb. 18) und schliessen sie wieder mit einer Zange.

Metallteile sind nicht nur am Rücken von Ring- oder Spiralbüchern zu finden, sondern auch in den Textseiten, sei es kombiniert mit Papier oder gar allein. Man kann Text und Bilder auf Metall prägen, hämmern, ätzen oder gravieren. Metall (meistens Aluminium) lässt sich auch bedrucken. Erkundigen Sie sich in einem Spezialgeschäft, das metallene Wandteller, Pokale und ähnliche Artikel als Ehrenpreise für Sportwettkämpfe anbietet.

SPIRALBINDUNGEN

Es gibt die handelsüblichen Spiralbindungen mit genormten Drahtspiralen und andere, bei denen die Masse je nach Bedarf von Fall zu Fall einzeln festgelegt werden. Hier wird der handelsübliche Typ besprochen. Es ist besser, sich zuerst mit dem Arbeitsablauf vertraut zu machen und erst dann zu eigenen Entwürfen überzugehen.

Beginnen Sie gleich wie für das oben beschriebene Ringbuch, mit zwei separaten Einbanddeckeln und einem Textteil. Die Grösse der Löcher richtet sich nach der Stärke des für die Spirale verwendeten Drahtes, und die Abstände zwischen den Löchern richten sich nach der Grösse der Löcher. Bei Löchern von 3 mm Durchmesser betragen die Abstände zum Beispiel etwa 6 mm, bei Löchern von 5 mm Durchmesser etwa 8 mm.

Wenn Sie die Lochgrösse und die Abstände festgelegt haben, bohren Sie die Löcher, im Abstand von etwa 6 mm vom Rücken. Nun muss der Draht zu einer Spirale gewickelt werden. Der Durchmesser der Spirale hängt von der Dicke des ganzen Buches (Einbanddeckel und Textteil) ab. Für ein 6 mm dickes Buch nehmen Sie einen Durchmesser von etwa 13 mm. Für ein zwischen 6 und 13 mm dickes Buch beträgt der Durchmesser das 1,75-fache der Dicke des Buches, für ein dickeres Buch das 1,5-fache. Suchen Sie einen Metallstab mit dem gewünschten Durchmesser. Wickeln Sie den Draht in einer engen Spirale darum (Abb. 19). Nun muss die Spirale auseinandergezogen werden, damit sich der

Fish Messages (Fischbotschaften), Judith Hoffman.

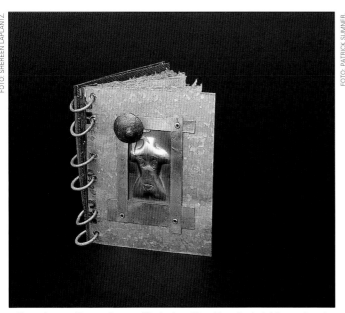

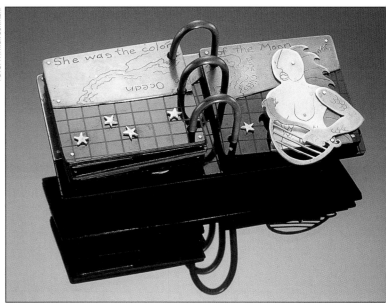

Thoughts on Breast Cancer (Gedanken über Brustkrebs), Megan Lewis.

The Distance of the Moon (Die Distanz des Mondes), Judith Hoffman.

Draht ohne Mühe durch die Löcher ziehen lässt. Fahren Sie mit einem dünnen Kartonstreifen spiralförmig zwischen den Windungen durch (Abb. 20), dann mit einem dickeren, einem noch dickeren und so fort, bis die Windungen der Spirale den Abständen zwischen den Löchern entsprechen.

Jetzt schieben Sie die Spirale von einem Ende des Buches her durch die Löcher (Abb. 21). Wenn die Windungen stimmen, sollte das ganz leicht gehen. Andernfalls müssen die Windungen beim Durchschieben korrigiert werden. Das ist nicht so leicht, und Sie riskieren auch, mit dem Draht das Buch zu verletzen.

Wenn die Spirale fertig montiert ist, schneiden Sie den überschüssigen Draht an beiden Enden weg und krümmen die kurzen Enden einwärts, um sie festzuhalten (Abb. 22).

Für Spiralbindungen eignen sich viele steife, aber doch biegsame Materialien wie Kunststoffschläuche, Elektrokabel oder auch Papierschnur. Schauen Sie sich in den Bastelbedarfsgeschäften um.

Kunststoffschläuche sind allerdings zu dick für die oben genannten Masse für Löcher und Lochabstände. Sie müssen also ein wenig improvisieren, um einen Entwurf zu finden, der gut aussieht. Beachten Sie dabei, dass grössere Löcher weder zu nahe nebeneinander noch zu nahe beim Rand gemacht werden dürfen, damit das Buch nicht einreisst. Machen Sie aber doch genügend Löcher, um das Buch leicht öffnen und schliessen zu können.

ANDERE TECHNIKEN

Kammbindungen sind den Spiralbindungen ähnlich. Kunststoffstreifen sind mit Zähnen versehen, die durch rechteckige Löcher im Buch greifen. Weil diese Zähne nur einseitig mit dem Buchrücken verbunden sind, sind sie leichter herauszunehmen als ein Ring oder eine Spirale, wenn man nachträglich Seiten beifügen oder auswechseln will. Solche Bindungen können in vielen Fotokopieranstalten und Kleindruckereien gemacht werden. Wenn Sie dieses Verfahren oft anwenden, lohnt es sich unter Umständen, eine Maschine anzuschaffen.

Natürlich kann man auch mit einer Heftmaschine ganz schnell einen Einband herstellen. In *Artist's Book No. 1* befestigte David LaPlantz mit Heftklammern eine Lage an einer Rückwand aus Metall. Er verwendete allerdings keine normale Bürohefttmaschine, sondern grössere Heftklammern. In Papier und Metallwand wurden Löcher gebohrt; dann wurden die Heftklammern von Hand eingesetzt und umgebogen. Auf diese Weise wurde vermieden, das Papier durch die Heftmaschine zusammenzupressen.

Fertige Metallscharniere aus dem Bastelbedarf sind ein weiteres Hilfsmittel, um schnell ein Buch anzufertigen. *The Doorbell is Ringing* von Lynn A. Mattes-Ruggiero und *It All Depends on How She Plays Her Cards* von Deborah Nore sind zwei Beispiele für diese Methode.

Emil's Garden (Emils Garten), Edward H. Hutchins.

True Light (Das wahre Licht), Judith Hoffman.

Buildings (Gebäude), Edward H. Hutchins.

Transcendence II (Transzendenz II), Susan Kapuscinski Gaylord.

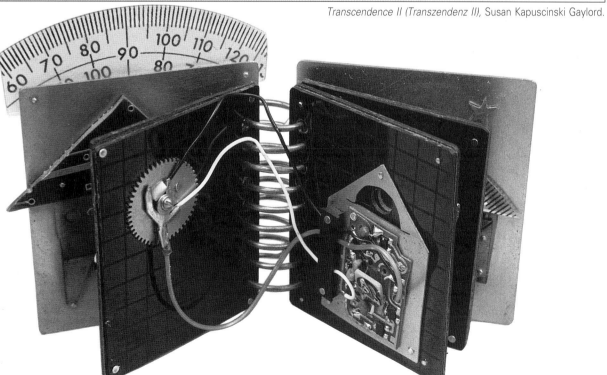

Instruction Manual for the Moon (Instruktionshandbuch für den Mond), Judith Hoffman.

In diesem Kapitel wurde mehr auf verschiedene Techniken als auf die Gestaltung hingewiesen. Hier sind nun noch ein paar weitere Möglichkeiten. Die eine ist eigentlich ein Blockbuch, bei dem Sicherheitsnadeln verwendet wurden. Eine zweite ist eine Perlenschnur, bei der jede zweite «Perle» eine Buchlage ist. Diese Methode ist wahrscheinlich für einzelne Blätter besser geeignet als für ganze Lagen. Und schliesslich sehen Sie noch eine in Form einer japanischen Geldbörse gefalzte Schachtel mit seitlich in die Falze eingenähten Lagen.

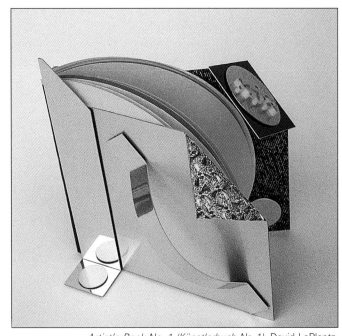

Artist's Book No. 1 (Künstlerbuch Nr. 1), David LaPlantz.

The Doorbell is Ringing (Es hat geklingelt), Lynn A. Mattes-Ruggiero.

FOTO: SHEREEN LAPLANTZ.

It All Depends on How She Plays Her Cards (Es kommt ganz darauf an, wie sie ihre Karten ausspielt), Deborah Nore.

Gestaltungsmodelle, Shereen LaPlantz.

AUF DIE PRÄSENTATION KOMMT ES AN

Wie etwas aufgenommen wird, hängt davon ab, wie es präsentiert wird. Zur Stellenbewerbung begibt man sich nicht in unordentlicher Kleidung; denn das wäre eine Präsentation mit wenig Aussicht auf Erfolg. Dasselbe gilt für Ihr Buch. Ob es sich nun um ein für den Verkauf bestimmtes Kunstwerk, um eine Bereicherung Ihrer Familienchronik oder eine Grusskarte handelt, auf jeden Fall soll die Präsentation Ihrer Arbeit würdig sein.

Making a Long Story Short (Eine lange Geschichte kurz machen), Emily Martin.

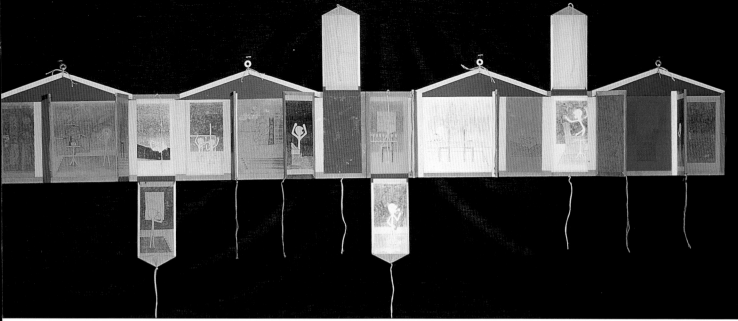

Making a Short Story Long (Eine kurze Geschichte lang machen),
Emily Martin.

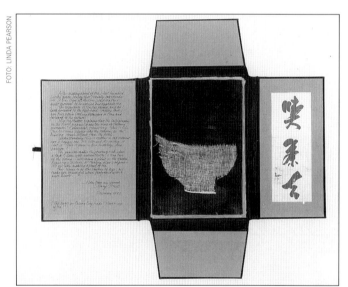

Tea Ceremony Portfolio (Tee-Zeremonien-Portefeuille), Mary Street

Die Präsentation eines Buches hat meistens zwei Phasen: Wie ist
der erste Eindruck? Und wie setzt sich der Leser, die Leserin mit
dem Buch auseinander? Die erste Phase, die spontane Reaktion
auf ein neues Buch, sagt schon recht viel über das Buch aus. Die
zweite Phase ist eher ein allmählicher Prozess des Entdeckens,
des Entschleierns der im Buch enthaltenen Geheimnisse.
Wer die Bücher von Emily Martin öffnet, muss sich nicht erst
allmählich mit ihnen auseinandersetzen. Man spürt sogleich,
welch starke Wirkung von ihnen ausgeht. Es ist fast, als gehe im
Theater der Vorhang auf. Einen ganz anderen Stil, aber eine nicht
weniger starke Wirkung finden wir bei *Barriers Within, Barriers
Without* von Bonnie Stahlecker. Und *Tea Ceremony Portfolio* von
Mary Street widerspiegelt ein eindrückliches intimes Gefühl.

131

Lunch! von Edward H. Hutchins wirkt visuell durch die grosse Zahl. Ein einzelnes dieser lustigen Fröschlein würde kaum beachtet; die gewünschte Wirkung wird erst durch die Gruppe erzielt. Andere Präsentationen von Büchern verlangen vom Leser, von der Leserin, sich mehr oder weniger intensiv mit ihnen zu befassen. Dies kann schon auf ganz einfache Art geschehen, wenn das Buch aus der Schachtel oder aus dem Schutzumschlag herausgenommen wird. Einen Schritt weiter müssen Sie schon gehen, wenn Sie eine Schachtel öffnen sollen, der Sie nicht auf den ersten Blick ansehen, dass es sich um ein Buch handelt, oder wenn Sie nach einem zwischen den Seiten verborgenen Schatz suchen sollen.

Barriers Within, Barriers Without (Innere Schranken, Äussere Schranken), Bonnie Stahlecker.

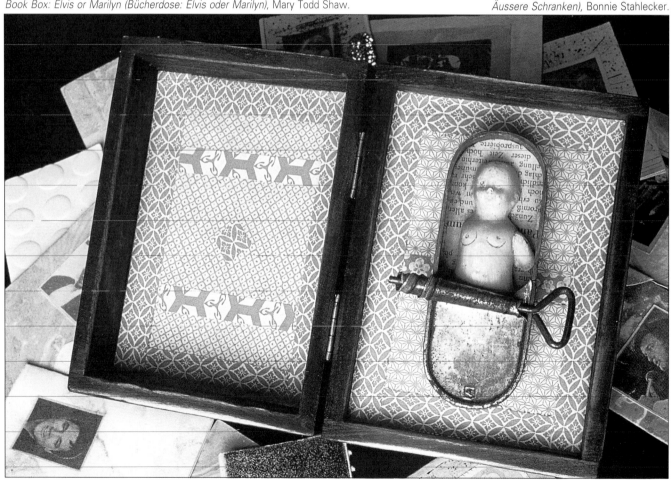

Book Box: Elvis or Marilyn (Bücherdose: Elvis oder Marilyn), Mary Todd Shaw.

132

Lunch! (Mittagessen!), Edward H. Hutchins.

*Oh, the Things You 'll Say. A Mother at Home
(Oh, was du alles sagen wirst. Eine Mutter zu
Hause)*, Emily Martin.

Sich auf diese Art mit einem Buch abzugeben, macht Spass; das eigentliche Lesen wird fast zur Zeremonie.

Die Präsentation kann so eindrücklich sein, dass der Buchtext in den Hintergrund gedrängt wird. Dann ist die äussere Gestalt des Buches das eigentliche Kunstwerk, das durch den Text unterstrichen und verstärkt wird, anstatt umgekehrt. Solche Bücher wirken am stärksten durch ihren visuellen Eindruck.

Mi Ultimo Adiós (Mein letzter Abschiedsgruss), Gabriel A. Ella, mit Gedichten von José Rizal.

Fotos auf dieser Seite: *Voyelles (Vokale)*, Gabriel A. Ella, mit Gedichten von Arthur Rimbaud.

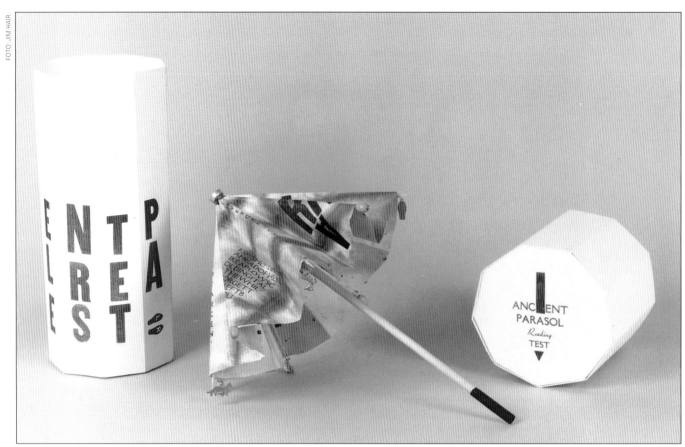

Ancient Parasol Reading Test (Leseübung Alter Sonnenschirm), Alisa Golden.

Whatta Pie (Was für ein Kuchen!), Edward H. Hutchins.

Fotos auf dieser Seite: *Sleep
Achiever (Schlaf-Erzieler),* Pat
Baldwin, Pequeño Press.

Ein letzter Gedanke zur Präsentation: Bücher werden ja in der Regel in einer gewissen Auflage herausgegeben. Aber es gibt kein Gesetz, wonach alle Exemplare einer Auflage genau gleich aussehen sollen. Peter Sramek hat eine ganz ungewohnte Auffassung von der Präsentation: Er verändert sie dauernd. Vier Exemplare seines Buches *In Search of Paradise – Night Vision* sehen aus wie vier völlig verschiedene Bücher, weil er jedes anders gestaltet und präsentiert hat.

Schauen Sie sich die hier gezeigten Möglichkeiten an und überlegen Sie sich, welche Präsentationen sich für Ihre Bücher eignen könnten. Dann stellen Sie sich vor, wie die Bücher ohne die starke Präsentation wirken würden. Wären sie als ganz normale Kodizes mit einem einfachen Einband ebenso interessant? Möchten Sie sie in die Hand nehmen und lesen? Es braucht sehr viel Arbeit, um sowohl die äussere Gestalt als auch den Inhalt eines Buches zu entwerfen und zu schaffen. Sorgen Sie dafür, dass sich Ihr Buch so darbietet, dass es zum Anfassen, Öffnen und Lesen einlädt.

Fotos auf dieser Seite:
In Search of Paradise – Night Vision (Auf der Suche nach dem Paradies – Nachtvision), Peter Sramek.

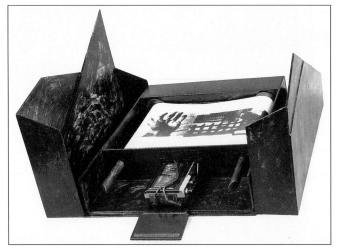

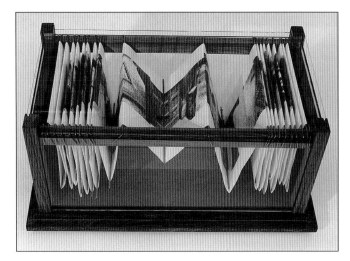

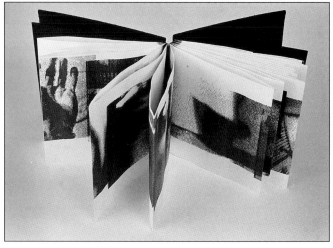

Oben und links: *Prayer Tower (Gebets-Turm)*, Jenny Hunter Groat.

DANK

Ein besonderer Dank gebührt den Buchkünstlerinnen, die an diesem Buch mitgewirkt haben, so dass es fast als Gruppenarbeit bezeichnet werden darf. Sie brachten ihre Ideen und ihre Techniken ein, und auch ihre Begeisterung. Und wenn es schien, als würden irgendwo noch Techniken fehlen, versammelten sie sich zu einer Buchbinder-Party und arbeiteten einen ganzen Tag, um Muster herzustellen und die Lücken zu füllen. Habt Dank, Elaine Benjamin, JoAnne Berke, Dolores Guffey, Barbara Heisler, Robin Renshaw und Dorothy Swendeman.

Der Verlag Paul Haupt und der Übersetzer Jan Groeneweg danken den Herren Kurt Dinkelacker (Lausanne) und Franz Zeier (Winterthur) für ihre fachmännische Beratung.

KÜNSTLERINNEN UND KÜNSTLER, DIE ZU DIESEM BUCH BEIGETRAGEN HABEN

Kathleen Aml
Pat Baldwin
Carol Barton
Elaine S. Benjamin
JoAnne Berke
Nancy Callahan
Julie Chen
Kathy Crump
Denise DeMarie
Judy Dominic
Gabriel A. Ella
Elsi Vassdal Ellis
Susan Kapuscinski Gaylord
Alisa Golden
Jenny Hunter Groat
Dolores Guffey
Barbara Heisler
Carol Pallesen Hicks
Judith Hoffman
Edward H. Hutchins
Lois James
Tom Jones
David LaPlantz
Megan Lewis
Mary Ellen long
Emily Martin
Lynn A. Mattes-Ruggiero
Nancy McIntosh
Deborah Nore
Claire Owen
Robin Renshaw
Mary Todd Shaw
Genie Shenk
M. Desiree Snider
Peter Sramek
Bonnie Stahlecker
Mary Street
Dorothy Swendeman
Aliza Thomas
Paddy Thornbury
Ginny Dewey Volle
Nancy Welch
Lin Westra

LITERATUR

Bogeng, Gustav A.: Der Bucheinband. Ein Handbuch für Buchbinder und Bücherfreunde. Olms-Verlag. 1991

Goos, Karl P./ Matthey, Christoph: Von Blättern zu Büchern. Buchbinden kann jede(r). Verlag an der Ruhr. 1992

Kiel, Jan/ Löbler, Ruud/ Cleef, Joost van: Buchbinden. Einführung in eine traditionsreiche Technik. Ravensburger Buchverlag. 1990

Masok, N.N.: Buchbinden als Hobby. Bearbeitet von Dieter Liebau. Verlag Beruf und Schule. 1996

Stranghöner, Peter: Arbeiten mit Papier und Karton. Kästchen, Mappen, Bücher. Callwey Verlag. 1993

von Golpon, Roland (Hrsg.): Lehrbuch für Buchbinder. Verlag Beruf und Schule. o.A.

Wiese, Fritz: Der Bucheinband. Eine Arbeitskunde mit Werkzeichnungen. Schlütersche Verlagsanstalt. 6. Auflage 1983

Wiese, Fritz: Der Bucheinband. Historische und neuartige Einbände. Schlütersche Verlagsanstalt. 1981

Wiese, Fritz: Sonderarbeiten des Buchbinders. Ein Werkbuch für Unterricht und Werkstatt. Schlütersche Verlagsanstalt. 3. Auflage 1984

Willberg, Hans P.: Handbuch der Einbandgestaltung. Schmidt Verlag, Mainz. 2. Auflage 1994

Zahn, Gerhard: Grundwissen für Buchbinder. Verlag Beruf und Schule. 2. Auflage 1992

Zeier, Franz: Schachtel, Mappe, Bucheinband: Die Grundlagen des Buchbindes für alle, die dieses Handwerk schätzen: für Werklehrer, Fachleute und Liebhaber. Verlag Paul Haupt. 3. Auflage 1996

AUSGEWÄHLTE LITERATUR ZUM ARBEITEN MIT PAPIER

Chambers, Anne: Marmoriertes Papier. Ein praktischer Leitfaden. Verlag Paul Haupt. 1988

Dardel, Kathrin: Kreatives Papierschöpfen. Pflanzenpapiere - Recyclingpapiere - Farbige Papiere. Verlag Paul Haupt. 1994

Gaisser, Eberhard: Marmorieren. Frech Verlag. 13. Auflage 1994

Hartel, Traudel: Marmorieren. Muster, Techniken, Gestaltungsideen. Falken Verlag. 2. Auflage 1995

Hartel, Traudel: Papierschöpfen. Technik, Färben, Gestalten. Ravensburger Buchverlag. 2. Auflage 1994

Miura, Einen: Die Kunst des Marmorierens. Eine Anleitung zur Herstellung marmorierter Papiere. Verlag Paul Haupt. 1991

Sönmez, Nedim: Grundkurs Marmorieren. Technik - Muster - Motive. Christophorus Verlag. 1993

Zeier, Franz: Papier. Versuche zwischen Geometrie und Spiel. Verlag Paul Haupt. 3. Auflage 1993

SACHREGISTER

The Range of Predictability (Der Bereich der Voraussagbaren),
Bonnie Stahlecker.